与努力的人一起奔跑

通用财务思维

人人都该懂财务

毕一功 —— 著

广东经济出版社

图书在版编目（CIP）数据

通用财务思维：人人都该懂财务／毕一功著. —广州：广东经济出版社，2024.8.
ISBN 978-7-5454-9332-0

Ⅰ．F275-49

中国国家版本馆 CIP 数据核字第 2024G87Y31 号

责任编辑：郭艳军　刘　倩
责任校对：李玉娴
责任技编：陆俊帆
封面设计：集力書裝　彭　力

通用财务思维：人人都该懂财务
TONGYONG CAIWU SIWEI：RENREN DOU GAI DONG CAIWU

出 版 人：	刘卫平
出版发行：	广东经济出版社（广州市水荫路 11 号 11~12 楼）
印　　刷：	广州市豪威彩色印务有限公司
	（广州市增城区宁西街新和南路 4 号一楼 106 房）
开　　本：	730mm×1020mm　1/16
印　　张：	15.75
版　　次：	2024 年 8 月第 1 版
印　　次：	2024 年 8 月第 1 次
书　　号：	ISBN 978-7-5454-9332-0
字　　数：	248 千字
定　　价：	72.00 元

发行电话：（020）87393830
广东经济出版社常年法律顾问：胡志海律师　　法务电话：（020）37603025
如发现印装质量问题，请与本社联系，本社负责调换。

版权所有・侵权必究

前　言

在中国，有数以千万计的财务人员。在企业，大家对财务人员有一些刻板印象，比如小心谨慎、吹毛求疵、难打交道、脱离业务等；而财务人员则认为其他部门的人缺乏合规意识、粗枝大叶、喜欢制造麻烦、做事随心所欲。在任何一家企业，几乎都能看到财务人员与其他部门人员之间的冲突，他们似乎有着天然的矛盾。

有人认为这个矛盾的成因在于财务人员满脑子财务思维，而其他部门的人尤其是业务人员则满脑子业务思维，于是提出财务人员应该学习业务思维，业务人员应该学习财务思维，好像这样矛盾就解决了。其实，根本不是财务思维和业务思维的冲突，双方都是本位主义思维。在真正的财务思维框架下，根本不会有这样的冲突。

"财务思维"一词出现的时间并不是很长，但人们对它的使用却存在一些问题。有人把财务思维理解成财务人员通常表现出来或者根据其行为推测出来的思维方式，然后告诉财务人员要跳出财务思维；也有人把财务思维理解成做一名好会计应该有的工作思维，然后告诉财务人员要如何学习财务知识和技巧。前者将财务思维解读为存在缺点的财务工作者的思维，而后者则将财务思维解读为财务技术的熟练高超，都歪曲和缩小了财务思维的范畴。概念错了，学习后反而让人的脑子更加混乱。

思维是指在表象、概念的基础上进行分析、综合、判断、推理等认识活动的过程。按照信息论的观点，思维是对新输入信息与脑内储存的知识经验进行一系列复杂心智操作的过程。据此，财务思维是指运用财务学理论知识进行科学思维的一种心智活动，并不局限于企业的财务管理工作，

通用财务思维：
人人都该懂财务

而是在很多场景下都可以通用。非财务人员学习财务知识不等于学习财务思维，财务人员在工作中表现出来的带有个体缺陷的思维方式不是财务思维，掌握体系化财务知识和技巧也不是财务思维。

财务学的实质是告诉人们在经济活动中如何权衡得失和趋利避害。社会运转过程中的大量活动都是经济活动，有些即使不是经济活动，也同样需要得失判断和决策选择，但人们常常是根据本能进行应对。其实，这些问题可以用财务思维来辅助解决。只要符合追求某一目标并伴有得失的场景条件，就可以用财务思维来观察、分析、判断、行动、回顾损益和迭代优化。财务思维有着极为广阔的适用场景。

财务思维来源于对财务学的认识和提炼。

财务看起来很复杂。借贷、科目、会计分录、会计政策、会计方法等都让人感到头疼，绕来绕去似乎总也绕不清楚。很多专业人员花了大量的时间和精力去钻研各种经济业务的会计分录如何填列，账做完了，却不懂背后的逻辑，忘了做账的目的。希望掌握一些财务知识的非专业人员往往是从会计基础学起，走专业人员成长的老路，必然短时间内难得要领，尝试一段时间后就放弃，以至于财务的大门就这样永远地关闭了。

财务其实很简单。一旦有了财务思维，从事财务工作的专业人员就能够避免一头扎进浩如烟海的分录中去，改变"只懂做账不懂财务"的状况，真正成为财务高手；非财务专业人员就不会再执着于那些总也搞不清的分录，而是能够透视财务人员呈现的结果，跨过财务人员多年的专业学习和训练过程，直接成为财务高手。

多年前在大学学习会计学专业时，深感财务知识的枯燥，曾试图寻找教科书之外的通俗读物来更好地理解财务知识，但可惜没有找到这样的作品。随着对财务知识理解的逐渐深入，就无须再借由此道进行学习了，但仍然有很多人面对枯燥的财务知识，因缺乏学习的动力而止步不前。

纵观市面上的各类财经读物，要么是舶来品，水土不服；要么是新瓶装旧酒，换个名字把财务知识重新排列组合；要么是贯穿一个故事讲述财务知识，实则跟教科书没有差别；要么是散文式写作，财务知识支离破碎……从学习资料来讲，现今的财务学习者与过去的财务学习者面临着同样的境遇。

在大学讲授财务课程时，我曾试图把对财务学的理解从底层逻辑的角度更加精炼地告诉学生，以便让他们能够更轻松地入门，不仅掌握财务技术，还能领会财务思维。但是，出于种种原因，当时并未对这些思考进行系统化整理。

"财务思维"四个字本身已具备丰富的内涵，但如今人们对它的认知和解读出现了种种偏颇，甚至到了滥用的地步，不禁让人扼腕叹息。为了与市场上同类选题相区分，本书强调财务思维的普适性特征和底层逻辑，旨在引导读者掌握人人都该懂的通用财务思维。

本书开篇从人生函数开始，指出幸福函数由众多不同层级的子函数构成，金钱函数是幸福函数的子函数之一，财务学的实质是研究企业的金钱函数，由于其底层逻辑的相通性，企业金钱函数的运行规律也适用于个人金钱函数。通过进一步思考发现，金钱函数跟其他子函数有着相通之处，它们的目标都是通过有限的资源投入获取尽可能多的产出，因此，金钱函数的运行规律同样适用于幸福函数的其他子函数。基于上述逻辑，本书系统、完整地分析了企业金钱函数的技术实质和底层思想，并与幸福函数中的其他子函数进行对照、类比，从而呈现出一套优化人生函数产出的工具和方法论。这套方法论可以帮助我们观察和分析与自身没有直接关联的事物，比如，群体的行为、组织的行为等。可以说，财务思维不仅可以帮助我们认识世界，还可以帮助我们改造世界。

本书不是教读者如何做一名好会计，如何记账和编制报表，而是启发读者站在财务的视角，去观察和分析环境、组织、人物、事项等各种认知对象，衡量得失，优化决策，增益人生幸福。对于财务专业的朋友来讲，希望此书能够拓展您的思维，帮助您加深对会计的认识，并用财务思维观察和思考世界；对于非财务专业的朋友来讲，希望您通过此书对财务有所领悟，成为一个不会做账但具备财务思维的决策高手。

目录 Contents

第1章 ● **神奇函数：幸福的原动力**   1
    一、函数化人生   2
    二、金钱函数   3
    三、三大原动力   6
    四、幸福函数的子函数   8

第2章 ● **财务语言：一套决策工具**   11
    一、罗伯特·清崎的语言谬误   12
    二、财务是门商业语言   14
    三、1元钱的旅行   15
    四、财务更是决策工具   19

第3章 ● **收入：可能的繁华泡影**   21
    一、认识收入   22
    二、收入产生了吗   24
    三、真假收入   25
    四、斜杠青年   27
    五、中等收入陷阱   29

第4章 ● 费用：有得必有失　　　　　33
一、认识费用　　　　　34
二、费用产生了吗　　　　　39
三、支出不等于费用　　　　　42
四、沉没成本　　　　　44
五、共享经济的财务原理　　　　　48
六、5000元与6000元大有不同　　　　　50

第5章 ● 利润：一场辛苦只为它　　　　　53
一、不创造利润是不道德的　　　　　54
二、不要热衷于利得　　　　　56
三、利润大家族　　　　　58
四、肚子吃饱与边际贡献　　　　　63
五、到底赚了没有　　　　　65
六、利润的分与留　　　　　66

第6章 ● 资产：希望的源泉　　　　　71
一、认识资产　　　　　72
二、收入之母　　　　　74
三、资产大盘点　　　　　76
四、资产尽其用　　　　　78
五、效率是关键　　　　　80
六、资产需要呵护　　　　　82

第7章 ● 负债：迟早都要还　　　　　85
一、认识负债　　　　　86
二、不可一日无债　　　　　89
三、财务杠杆　　　　　91
四、不能一直借　　　　　95
五、管理负债　　　　　98

目 录

- 第 8 章 ● 所有者权益：这才是你的　101
  - 一、认识所有者权益　102
  - 二、剩余索取权　105
  - 三、原始资源　108
  - 四、真正的所有者　110

- 第 9 章 ● 复式记账：会计的看家本领　113
  - 一、记账法的前世今生　114
  - 二、资金运动恒等式　116
  - 三、从哪里来到哪里去　119
  - 四、会计车间的工作　122
  - 五、老王五金店的账务　132

- 第 10 章 ● 财务报告：会计的产品　139
  - 一、认识财务报告　140
  - 二、财务报表体系　143
  - 三、不能停的现金流　148
  - 四、财务报表质检　152

- 第 11 章 ● 财务分析：一窥究竟之门　157
  - 一、财务语言下的故事　158
  - 二、没有对比就没有伤害　160
  - 三、趋势会延续　163
  - 四、财务比率画像　166
  - 五、家庭"五力"评估　171
  - 六、请放开财报　175

- 第 12 章 ● 风险：富贵险中求　179
  - 一、没有风险是最大的风险　180
  - 二、两类风险　182
  - 三、风险大小计量　184

四、风险由我不由天　　　　　　　　185

第13章　时间价值：岁月之美　　　　189
　　　　一、时间就是金钱　　　　　　190
　　　　二、复利是奇迹　　　　　　　192
　　　　三、收支时间序列　　　　　　195
　　　　四、利率的伪装　　　　　　　197

第14章　财务原则：有规矩成方圆　　201
　　　　一、会计主体　　　　　　　　202
　　　　二、持续经营　　　　　　　　204
　　　　三、会计分期　　　　　　　　206
　　　　四、货币计量　　　　　　　　207
　　　　五、权责发生制　　　　　　　209
　　　　六、最真的话　　　　　　　　211

第15章　财务估价：值多少钱　　　　215
　　　　一、投资就是估价　　　　　　216
　　　　二、此价值非彼价值　　　　　217
　　　　三、估价不复杂　　　　　　　220

第16章　财务预测：透视未来　　　　223
　　　　一、无预测不决策　　　　　　224
　　　　二、工具化的全面预算　　　　226
　　　　三、计划赶不上变化　　　　　229

第17章　回到现实：始于足下　　　　231
　　　　一、创意带来价值　　　　　　232
　　　　二、读懂交易对手　　　　　　234
　　　　三、不完美即机会　　　　　　236
　　　　四、奔赴目标　　　　　　　　239

第 1 章

神奇函数：幸福的原动力

一、函数化人生

函数对于我们来说并不陌生,从初中开始,我们就接触函数。那时候的函数比较简单,比如,一次函数、二次函数、简单的三角函数等,到了高中和大学我们学习了更为复杂的函数。现代经济学广泛用数学的方法进行研究,需求函数、供给函数、生产函数等都是典型的经济学模型。

经济学中的函数看似精确,但实际上并非如此,这是因为经济学本身存在很多假设,这些函数都是在假设的前提下发挥作用,而这些假设的前提在现实中很可能不是这样。

我们无须从数学角度探讨那些看起来很复杂且结果又不太精确的函数,但函数背后所隐含的思考和分析问题的方法值得我们借鉴。

函数反映的是变量之间的相互关系,$y=f(x)$,x为自变量,y为因变量,当x发生变化的时候,y随之变动。比如,经济学上著名的柯布-道格拉斯生产函数将产量表示为技术、劳动力和资本的函数,常见的需求函数和供给函数,则把需求量和供应量看作价格的函数。

函数在社会科学领域的运用包括但不限于经济学。当我们把函数这种表达方式用于更广泛的场景时,可以发现很多存在设定目标的情形都能用函数来表达。比如,人生的目标追求可以理解为一个函数,其中,目标追求是因变量,与目标实现相关的因素是自变量。关于人生的追求是一个宏大的课题,也是人类永恒的话题,人们一直在对其进行探索并争论不休。

我们可以把人的终极追求综合为一个抽象却又为中国人所熟知且倍感温暖的词语,那就是幸福。

很多东西都可以跟人的幸福相关,那么幸福就像一个多元函数,不同的人在不同阶段、不同情境下的变量构成会有不同。不过,根据人类某些共同的追求我们可以用函数来表达幸福:

y(幸福)$=f[x_1$(金钱),x_2(健康),x_3(安全),x_4(事业),x_5(感情),x_6(尊重),$\cdots$,x_n(价值实现)]

在这个幸福函数中，幸福就是金钱、健康、安全、事业、感情、尊重、价值实现等变量的函数，不同的人对不同的变量会赋予不同的权重。因钱陷入窘境的人可能会对金钱赋予较大的权重，遭受病痛折磨的人可能会对健康赋予较大的权重，缺乏安全感的人可能会对安全赋予较大的权重……每个人心中都有一杆秤。

当我们进一步观察幸福函数的各个变量时，会发现每个变量都有着自身的影响因素。比如，健康与很多因素相关，那么健康本身也可以形成一个健康函数，它可能受作息、饮食、基因、医疗、年龄、心态等第二层因素影响，即 y（健康）$= f[x_1$（作息）$, x_2$（饮食）$, x_3$（基因）$, x_4$（医疗）$, x_5$（年龄）$, \cdots, x_n$（心态）$]$。同样地，幸福函数下的其他变量也都有着类似特征，它们可以单独作为一个函数来看待，都有着各自的第二层影响因素。再进一步深入，这些第二层影响因素又可以作为一个个函数来看待，比如，作息函数、饮食函数、基因函数等，这些函数受第三层因素影响。

以此类推，我们的脑海里出现了这样一个想法：人生就是函数综合体，终极函数是幸福函数，从幸福函数出发，衍生出一层又一层的函数。这些函数的数量和层级几乎是无穷的、立体的、没有疆界的，但对每个人来说似乎又是脉络清晰的。人们都在这些函数的驱动下生活，上演着人世间一幕幕的悲欢离合，并形成了纷繁的人类社会。

二、金钱函数

没有两片树叶是完全一样的，每个人的幸福函数都不尽相同，但有一样东西却是人人都需要的，每个人的幸福函数里面都不能缺少它，那就是金钱。正所谓"钱不是万能的，但没有钱是万万不能的""天下熙熙，皆为利来；天下攘攘，皆为利往"。

企业出现以后，追求金钱成为光明正大的事情，经济学家们甚至旗帜鲜明地宣称"不赚钱的公司是不道德的"，不赚钱就违背了企业的基本使命。那么，怎样才叫赚钱呢？对于企业的所有者（投资者、股东）来说，赚到的钱与投入的钱相比，比值越大就表示越赚钱。赚到的钱与投入的钱之比称为权益报酬率（ROE），因此，权益报酬率最大化就理所当然地成为企业追求的目标。接下来，让企业投资者最为醉心的话题就是：如何让权益报酬率变大？回到前面提到的函数思维，哪些因素影响权益报酬率？怎么做才能提高权益报酬率？

　　这个问题在100多年前曾困扰了一个叫法兰克·唐纳德森·布朗的年轻人。1912年，当时的布朗还是美国杜邦公司的一名销售人员，他向公司管理层提交了一份报告，主题是"用公司自己的钱赚取的利润"。这个报告的厉害之处就在于他是站在老板的角度思考问题，并且告诉老板怎样才能用自己的钱赢得更多利润，实际上就是权益报酬率的问题。他认为这个问题可以拆解为三个因素：公司的生意有没有盈利，公司资产利用效率如何，公司的债务负担如何。这个神奇的分解函数一出，在场者顿时眼前一亮，心里也豁然开朗了，原来想要赚钱只需在这几个方面做好文章就行了。从此以后，布朗开始跨专业参与公司的财务工作，人生也像开了挂一样，迎娶了杜邦公司创始人的堂孙女。1937—1946年，布朗成为通用汽车的副董事长，住着有40多个房间的大房子，成了富一代。

　　布朗本科毕业于弗吉尼亚理工大学电气工程专业，研究生则是毕业于康奈尔大学工程学，这两个专业都是跟财务毫不相关的专业。布朗在那个时代就已经跨专业参与公司的财务工作，为我们提供了一个典型的业财融合案例，这样看来现在流行的业财融合、财务BP根本不是什么新鲜事儿。

　　布朗的分析方法被杜邦公司采用，也被其他企业广泛借鉴。由于布朗的分析方法源自杜邦公司的实践和总结，因此，被世人称为"杜邦分析法"。至今，杜邦分析法仍为各种类型的企业所采用，并在财务管理理论中占有重要的位置，是财务专业的学生必须学习的一个重要分析方法。

　　杜邦分析法用公式表述为：权益报酬率＝销售净利率×总资产周转率×权益乘数。销售净利率代表生意有没有盈利，总资产周转率代表总资产利用效率，权益乘数则代表债务负担和杠杆使用情况。这个公式说明，若想提高用公司自己的钱赚取的利润率，可以通过提高销售净利率、总资产周转率和杠杆率来实现。炒股的朋友可以打开任何一款炒股用的软件，在F10项下都可以看到权益报酬率这个指标，有些还可以看到这个指标的分解，而这个指标的分解就是按照杜邦分析法进行的。

杜邦分析法以企业作为分析对象，那时候企业的数量和规模远不能与今天相比，财务和金融活动也不像今天这样渗透于日常生活之中。

杜邦分析法作为分析如何使财富快速增长的工具，适用于所有经济主体，不妨给它起个更为通俗的名字——金钱函数，用函数表达为：y（钱生钱）$=f$（收益率，周转率，杠杆率）。

用函数表达与用传统的杜邦分析法表达有什么区别呢？杜邦分析法的拆解方法给我们提供了一个认识和分析现象的工具，可以让我们理解结果背后的原因；而函数表达式则告诉我们，若想实现钱快速生钱的目标需要从哪些方面着手，它提示我们要努力发挥主观能动性，充分关注函数右侧的驱动因素。这就像一个类人猿从站立着打量世界转为拿起工具投入劳动中去。一个经济主体若想财富快速增长，就要从收益率、周转率、杠杆率三个方面着手。

来看一个简单的例子（为简化讨论，不考虑交易费用）：

情形1：老王在2022年5月花费100万元自有资金买了一套房子，一年后以120万元卖出，那么老王的权益报酬率为20%，如果以130万元卖出，则权益报酬率为30%。可见，房屋买卖差价越大，老王自有资金的收益率越高。

情形2：老王在2022年5月用自有资金50万元做首付，并贷款50万元（利率6%）买下一套房子，一年后以120万元卖出。房屋买卖差价为20万元，扣减借款利息3万元，共赚取17万元，老王所投入资金的收益率为34%，即权益报酬率为34%，远大于没有负债情况下的收益率。可见，通过资金杠杆能够提升自有资金的收益率。

情形3：老王在2022年5月花费100万元自有资金买了一套房子，半年后以120万元卖出，然后用120万元买了另外一座城市的房产，半年后又以130万元的价格卖出。老王开始投入了100万元，在一年时间内买卖两次房产，共赚取 30 万元，那么他的权益报酬率为 30%，比情形 1 的 20% 高出 10%。可见，提高周转率可以提升自有资金的收益率。

三、三大原动力

几年前，碧桂园的"高周转"曾一夜之间在朋友圈刷屏。碧桂园一周之内连发三份由总裁签署的内部文件，要求提高三线、四线、五线项目的周转速度，对设计速度、报建速度、供货速度都做了相应要求。随后，陆续有其他房企也提出了"高周转"战略。面对这一现象，大家反应各不相同：有设计人士吐槽连夜出图过于辛苦，不够人性；有经济学者分析认为，宏观经济形势对房企形成了压力；有群众担心过快周转会影响房屋建造质量；有行业人士认为，房企资金链紧张，高周转是为了加快资金回收……其实，这一现象很容易理解，周转率是我们前文提到的金钱函数的三大因素之一。在收益率和杠杆率没有更多提升空间的情况下，提高周转率不失为一个办法。

不同行业的生产经营特征不同，权益报酬率有较大差别，而且在不同的社会发展阶段也会呈现不同的特征，但权益报酬率无一不是由收益率、周转率和杠杆率三大因素造就。

贵州茅台 2022 年的权益报酬率为 30.26%，销售净利率为 51.25%，总资产周转率为 0.50，负债率（即杠杆率）为 19.42%；美的集团 2022 年的权益报酬率为 22.21%，销售净利率为 8.62%，总资产周转率为 0.85，负债率为 64.05%。贵州茅台的权益报酬率高出美的集团 8.05 个百分点，三大影响因素的比较情况如下：

贵州茅台的销售净利率高出美的集团 42.63 个百分点。销售净利率表示每销售 1 元可以产生多少净利润，若想提高净利润，要么提高售价，要么削减成本费用。像贵州茅台这样的白酒企业，定价能力较强，通过提高定价来提升收益率，进而提高权益报酬率是比较合适的。

贵州茅台的总资产周转率比美的集团低 0.35，资金周转情况弱于美的集团。总资产周转率反映的是销售额与总资产的关系，即1元资产带来的销售额是多少，代表着公司资产产生收入的能力。通过提高销售额可以提高周转率，而提高销售额的一个常见策略是薄利多销，薄利意味着降低销售净利率，多销则意味着提升销售额和周转率，与贵州茅台相比，美的集团2022年的销售净利率和总资产周转率的表现即是运用了薄利多销的策略。

贵州茅台的负债率比美的集团低44.63%，负债率越高，杠杆越大，这意味着美的集团的权益乘数更大。权益乘数的具体含义是总资产除以股东权益，代表股东投入1元资产能够控制的资产总量。比如，股东投入了10万元，而公司的总资产是100万元，那么权益乘数为10。股东通过投入10万元撬动了100万元的资产总量，这类似于杠杆的作用，所以权益乘数有时也叫杠杆倍数。美的集团的权益乘数更大，意味着美的集团的股东通过较少的资金投入控制了更多的资产，这种做法能够使权益报酬率提高。

从贵州茅台和美的集团的对比来看，三项因素差别很大。实际上，真正分析两家企业指标优劣的时候，一般是在同行业内进行比较，跨行业比较只是让我们了解不同行业的特征。

权益报酬率由收益率、周转率和杠杆率三大因素共同决定，当某一个或某两个因素由于条件限制无法改善时，可以通过改善其他因素来提高权益报酬率。但是，收益率、周转率和杠杆率三者并不是完全独立的，它们之间的调整可能相互影响。提高收益率可能意味着提高售价，而提高售价可能会影响销量，进而影响销售额；提高周转率可能带来品质下降，品质下降会增大质量成本，从而降低收益率；提高杠杆率会带来债务成本的上升，从而降低收益率，同时，负债率的提高还会带来资产增加并影响周转率。

企业的经营活动都是在为改善金钱函数的三大因素而努力。引进人才、研发新产品是试图提高收益率和周转率，降低库存、减少固定资产投资是为了提高周转率，促销、控制成本是为了提高收益率，融资是为了提高杠杆率。

四、幸福函数的子函数

财务从业者对杜邦函数的研究仅限于企业追求盈利这一场景，从未探究过其背后蕴含的普遍性原理。由于金钱函数的核心思想在于提升资源的产出效能，而幸福函数同样也是通过资源的投入和产出来实现的，所谓"勤劳浇灌幸福之花"，这个"勤劳浇灌"就是投入资源，因此，金钱函数中的三大因素对幸福函数中的子函数也是适用的，再来回顾一下幸福函数：

y（幸福）$=f\ [x_1$（金钱），x_2（健康），x_3（安全），x_4（事业），x_5（感情），x_6（尊重），$\cdots$，x_n（价值实现）]

首先来看 x_1（金钱）。100多年来，杜邦分析法仅被用于企业经营，人们并没有意识到个人、家庭和非正式组织也可以被看作经济主体。杜邦分析法适用于企业的经济活动，当然也适用于个人、家庭和非正式组织的经济活动。那么，通过前文对金钱函数的讨论，就可以窥见幸福函数中的子函数 x_1（金钱）的影响动因。

个人在经济活动中的行为处处体现着金钱函数三大因素的应用。买彩票等博彩行为是为了获得一本万利的高收益率，在股票市场快进快出是为了高周转率，借钱买房投资是运用了高杠杆率。投行的朋友常常戏谑说自己是"三年不开张，开张吃三年"，这说明他们的收益率很高，但周转率很低。"我月入3万元，怎么会少你一个鸡蛋！"北京一位煎饼摊大妈和顾客争执时脱口而出的一句话让她走红。卖煎饼收益率可能并不高，但周转率却极高。中央一号文件连续多年都是以"三农"为主题，充分显示了"三农"问题的重要地位，但实际上农业工作是收益率和周转率双低的工作。当然，由于农业生产的特征和耕作习惯，传统的农业生产者不太可能通过提升杠杆率来提高自己的权益报酬率，这就决定了农民的金钱函数不会太理想。

在金钱函数中加入时间和风险这两个因素，并把它扩展到更广泛的场景时，我们会发现它可以解释很多纷繁复杂的经济活动。车间里的热火朝天、马路上的车水马龙、酒桌上的推杯换盏、会场中的高谈阔论、无形的资金流通，都是受金钱函数驱动，要么为了收益率，要么为了周转率，要么为了杠杆率，三者必有其一。这个函数对经济活动的透视就像禅师面对江上过往的船只和江边熙攘的人群，只看到了"名利"二字一样精准。

再来看 x_2（健康）。前文曾对这个子函数做过拆解，即 y（健康）$=f$ [x_1（作息），x_2（饮食），x_3（基因），x_4（医疗），x_5（年龄），…，x_n（心态）]，可以称之为健康函数。人们在追求健康长寿的过程中做出的种种行为，实际上是在努力提高健康函数的值。

随着生活水平的提高和经济发展，越来越多的人对营养保健更加重视。各路商家瞄准了大众的心理需求，在健康函数上大做文章：甲商家说他们的产品一个疗程可以减 10 斤体重；乙商家则说他们的产品一个疗程可以减 15 斤体重，这是在说自家产品对健康的收益率提升更高。甲商家反驳道："我家产品一个疗程只需要 7 天，乙商家产品一个疗程是一个月。"这是在说自家产品的周转率更高。乙商家表示不服气，说道："我家产品吃的时候兑上开水，不仅能够减肥，还有饱腹感，吃了不饿。"这是在说自家产品可以借用几乎免费的水这个杠杆，对身体健康的产出更高。神经内科专家看他们争论不休，说道："不要吵了，减体重、补气血、补营养、补充维生素统统都不如补觉，先把熬夜玩手机的毛病改一改吧！"这是在说，对健康函数来讲，作息投入比饮食投入收益率更高。可是，白天的生活已经够辛苦了，大好的深夜时光怎么舍得睡觉。于是养生专家和时间管理专家登场了，告诉人们一堆"高效休息"的方法，声称休息 2 个小时就能达到休息 8 个小时的效果，这是在说他们的方法提升了作息的周转率。

与健康函数类似，幸福函数中的安全函数、事业函数、感情函数、尊重函数、价值实现函数等子函数都进一步受到第二层因素的影响，为了提升安全感、获得尊重、实现自我价值，就需要对这些影响因素进行干预和配置，以便提高这些影响因素的产出效率，着眼点同样是收益率、周转率和杠杆率。幸福函数的二级子函数同样会受到第三层因素的影响，若要提高二级子函数的值，也需要从收益率、周转率、杠杆率三个方面做文章。

比如，健康函数中的基因函数会受到父母基因、医疗技术、后天环境等第三层因素的影响，为了改善基因函数，就要精心挑选配偶，避免近亲结婚，远离放射性物质。

杜邦分析法问世以后，很快风靡全球。就像我们对幸福函数的层层分解一样，杜邦函数同样构建了一个多层级的立体函数体系（见图1.1）：收益率、周转率、杠杆率是杜邦函数的第一层影响因素，把收益率、周转率、杠杆率分别看作一个函数，它们又有着自身的第二层影响因素，由此推演下去就会推演到六大会计要素、会计报表构成项目，乃至最末级的会计明细科目。

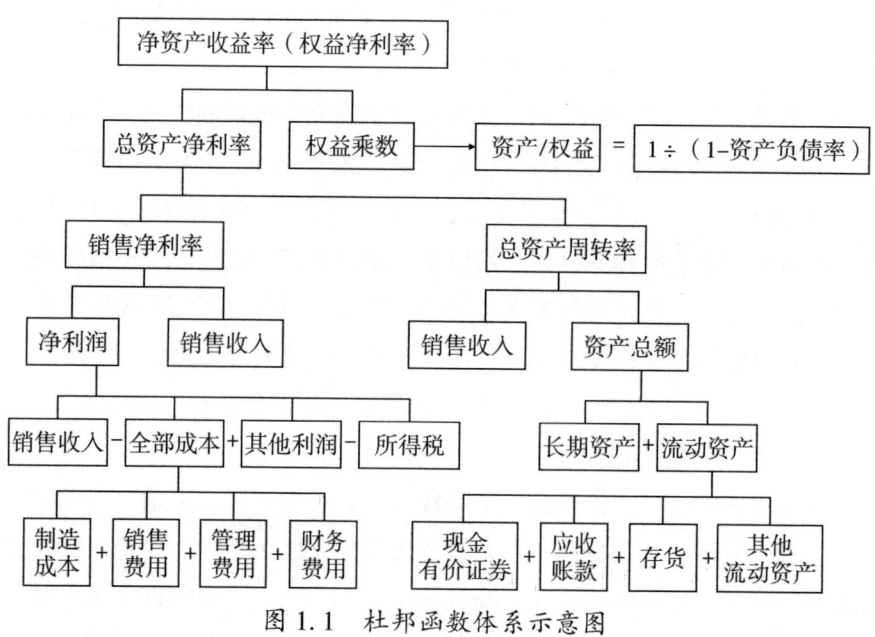

图1.1　杜邦函数体系示意图

第 2 章

财务语言：一套决策工具

通用财务思维：
人人都该懂财务

一、罗伯特·清崎的语言谬误

说起罗伯特·清崎，可能有些朋友并不知晓这个名字，但提起《富爸爸穷爸爸》，很多人都耳熟能详。罗伯特·清崎是一名日裔美国人，以《富爸爸穷爸爸》系列财商图书闻名于世，其中一本《富爸爸点石成金》为罗伯特·清崎与美国前总统特朗普合著。《富爸爸穷爸爸》成书于1997年，当时中国的 GDP（国内生产总值）尚不足8万亿元人民币，在全世界排名第七，没有加入世贸组织，房地产和资本市场远没有今天火热。《富爸爸穷爸爸》成了很多人的财商启蒙读物。

读中学的时候，一个同学向我介绍了《富爸爸穷爸爸》。他说："书上告诉我们要买入资产，减少负债。资产就是将钱放入你口袋里的东西，负债就是将钱从你口袋里拿走的东西。"时过多年，同学的这段话仍然深刻地印在我的脑海里。

后来，这个同学似乎在有意无意地践行着《富爸爸穷爸爸》的理论，大学毕业后在北京、上海都工作和居住过一段时间，虽然有机会买房，但一直没有买，而是让钱生钱，购买了各种理财产品。后来，在大众创业、万众创新的背景下投入创业大军之中，坚持了一年多，以失败告终，重新加入打工人的行列。

最近十几年来，房地产市场的发展为很多人提供了财富快速增值的机会，从房地产市场得到的财富远高于工作薪酬和做小生意获得的收益。甚至有人喊出"人与人之间的差距就在于是否买了房子"，网上有一则段子把这种现象描绘得淋漓尽致：

北京人小张在20世纪80年代出国热的浪潮中，不顾家人反对，毅然卖掉了祖上传下的一套鼓楼大街四合院，凑了整整30万元出国淘金。背井离乡的小张在国外充分发挥了中国人吃苦耐劳的精神，学外语、送外卖、摆地摊、住贫民窟……吃了各种苦，受了各种罪。一晃三四十年过去了，小张已变成两鬓斑白的老张。老张带着辛苦攒下的200万美元（约合1300

多万元人民币)回到北京。"衣锦还乡"后,便想把自己当年卖掉的祖传四合院买回来,结果一问中介,挂牌价8000万元,老张刹那间崩溃……

经过40多年的改革开放,中国的商业环境已不可同日而语。改革开放初期,人们的需求得到了极大的释放,各种商品短缺,供不应求,下海创业、做生意大概率会成功;时至今日,社会商品和服务极其丰富,供大于求普遍存在于各行各业,供给侧结构性改革已成为国家层面的重要战略部署,对于普通百姓来讲,离职创业大概率会失败。"创业致贫"已成为一种常见的现象。

罗伯特·清崎刚开始提出房子是负债的时候,在美国也引起轩然大波,受到很多专家和民众抨击。在2008年的次贷危机中,很多房产大幅降价,但房主还要为之支付物业费、房产税、保险等,房子似乎真的成了负债。随后几年,房价又经历了大幅回升,房子好像又不是负债了。那么,房子到底是资产还是负债?

实际上,房子是资产还是负债并没有确定的答案,在不同情况下房产会显示出不同的属性特征。罗伯特·清崎多次提到房子是负债,这是基于房子会把钱从你的口袋里拿走,用于支付按揭款、税费、物业费等,在房价没有上涨并不断折旧的情况下,这个观点是对的。

人们对罗伯特·清崎的观点产生争议的更大原因在于他对资产和负债的定义以及在书中对房产的举例。"资产就是将钱放入你口袋里的东西,负债就是将钱从你口袋里拿走的东西",从这个概念来讲,按揭购买一套房产,确实会不断地从你的口袋里把钱拿走。但是,如果过去十年,把房子当作负债而避之不及,则会丧失一波获取财富的机会。

相信罗伯特·清崎不可能把较长时间段内保持升值的房产当作负债来看。从他本人的财富来源看,房产投资也是一个重要渠道。罗伯特·清崎试图用简单通俗的方式对资产进行定义和说明,以方便人们理解,但语言的接收方并没有理解其含义。人们认为他关于房子的观点是错误的,其实是信息的传递出现了问题,并非观点错误,而是语言谬误。

二、财务是门商业语言

语言在我们的生活中无处不在，是人类重要的交际和思维工具。语言可以表达思想、沟通交流，语言的形式丰富多彩、变化多端。演讲家的精彩陈词、歌唱家的美妙歌声、师长的谆谆教诲、情侣的甜言蜜语、朋友的饭后闲谈，都是语言在发挥作用。语言能够成为人们沟通交流的媒介，有个重要前提就是大家对语言有着共同的理解，使用同样的语言代表同样的含义。

财务是商业活动的语言，只要我们都遵循同样的规则，就能通过财务语言读懂不同企业、不同行业、不同地区的商业活动情况。就像一个中国人，只要懂得英语，到任何一个英语系国家都可以用英语与人进行交流，而不需要相同的国籍、信仰、生活经历。同样，一位中国的会计师通过看财务报告也可以理解美国公司的经营情况。

2006年是中国会计发展史上的一个重要年份。财政部发布了39项企业会计准则和48项中国注册会计师审计准则，这标志着中国的企业会计准则体系和注册会计师审计准则体系进一步与国际趋同，意味着中国企业可以使用更为通用的商业语言与全球企业对话。

财务语言作为通用的商业语言，与其他语言一样，对所描述的现象和要表达的意思有一个"编译"的过程。为了描述商业活动，财务人员需要把企业众多的生产经营情况和杂乱的原始数据归纳管理，加工成财务信息，用财务语言重新表达。用财务语言描述的内容，就是用货币表现出来的商业活动。用财务语言描述商业活动时需要借助一定的载体，这些载体就是会计凭证、会计账簿、财务报告等。而对会计凭证、会计账簿和财务报告进行加工、整理的规则和工具可称为会计方法，就像一门语言的语法。

财务语言体系下的经营活动"编译"完成后，除了在特定场合监管机构有相关规范要求外，财务人员还需要巧妙地把这些信息传递出去，而不能全用专业术语，这样的语言才能起到沟通作用，不然对方就无法准确领会所要表达的意思，就像罗伯特·清崎所说的资产和读者理解的资产存在差异一样。财务部门的很多数据和报表经常让人觉得难以理解，往往就是因为大家觉得专业术语太多，无法读懂。平时我们经常见到这样的场景，财务人员的报告中，各个专业术语让其他部门人员听得似懂非懂，而其他部门人员阐述自己的业绩时，所使用的"利润""费用"之类的概念又让财务人员听了摇头。

在日常沟通交流中，让财务语言通俗化、可理解是财务人员的天然责任。业务人员无法理解财务语言不能怪业务人员，就像财务人员不懂产品研发不能怪财务人员一样。华为公司曾发起过财务"四化"建设，其中就有"财务理论大众化、财务语言通俗化"这样的标准。财务人员应该检讨自己是否把财务语言说得足够清楚，写得足够明白，这是财务人员传递自己专业价值的重要手段。只有这样，财务工作才更容易得到认可。

当然，非财务人员也应掌握基本的财务语言，这样即使财务人员不能用通俗的方式表达，自己也可以大致看得明白。著名经济学家孙冶方曾经说过："所有从事经济管理的人都应学好会计。"在现代社会中，很难想象一个不懂会计的人如何去管理经济、经营企业，甚至管理自己的家庭。

财务语言还是商业活动的思维工具，掌握了这种思维工具，我们就可以更清晰地界定一项经济活动在财务意义上带来的影响，从而做出恰当的决策和行动，比如，当我们对资产的理解与罗伯特·清崎同频时，就不会再纠结房子是资产还是负债之类的问题。

当不同国家、不同行业、不同企业、不同专业的人都能对财务资料有基本的理解，财务语言将使得商业世界各个主体的交流变得更为通畅。掌握了财务语言，也就等于拿到了一张商业世界的通行证。

三、1元钱的旅行

经济活动中的金钱只有流动才能产生价值，流动和交换使金钱变得更多。而金钱如果停止流动，就可能出现"一套房变成一张床"的悲剧。财务中的会计工作就是记录金钱旅行的过程。

小明是二年级的学生。某个周六，小明为了参加社会实践活动，决定去勤工俭学，于是拿出自己储蓄的0.5元，并向妈妈借了0.5元，以每份0.2元的价格采购了5份《中国日报》。小明拿着这5份报纸到地铁口吆喝着："哥哥姐姐、叔叔阿姨买份报纸吧。"可是，移动互联网时代，大家都埋头看手机，不再看报纸。一天下来，小明只卖出了3份报纸，每份价格1元。第二天，小明又把剩余的2份报纸卖了出去，获得了2元。

回顾一下这个过程：1元钱先被小明从家里拿出，然后在报纸批发点变成了5份报纸。第一天结束后，变成了3元钱和2份报纸。第二天，2份报纸卖出后变成2元钱，加上第一天的3元钱，小明投入的1元钱最终变成了5元钱。这个过程就是1元钱的价值旅行。

一天，一位老太太来到银行柜台前要求取出存折上的2000元，钱取出后，老太太数了数，看了看，然后交给银行柜员要求存回去。柜员不解地问："为什么刚取出又存回去呢？"老太太说："这是别人还我的钱，我取出来看看有没有假的。"财务人员记录和关注的是价值的变化，而不是实物的流通，与这位老太太不同。

回到小明卖报纸这件事，如果我们把小明看作一个经济主体（财务专业术语叫会计主体），会计上是如何记录的呢？

（1）小明将1元钱投入卖报纸的经营活动中，其中0.5元是自己的，属于所有者权益；另外0.5元是向妈妈借的，属于负债。在采购报纸之前，小明手里有1元钱，是他的现金资产。负债与所有者权益之和与资产是相等的，如表2.1所示。

表2.1 期初资产负债表

单位：元

现金	1	负债	0.5
		所有者权益	0.5
资产总计	1	负债和所有者权益总计	1

（2）小明用1元钱采购到5份报纸后，1元钱不复存在，变成了5份报纸的存货资产，每份报纸的采购价格是0.2元，资产总额是1元。所有者权益和负债没有变化，还分别是0.5元，小明的资产仍然等于负债与所有者权益之和，如表2.2所示。

表2.2 采购报纸后的资产负债表

单位：元

存货	1	负债	0.5
		所有者权益	0.5
资产总计	1	负债和所有者权益总计	1

（3）周六小明卖出3份报纸，获得3元收入，3份报纸的采购费用是0.6元，收入减去费用为小明获得的利润，共2.4元。利润归小明所有，因此，所有者权益增加2.4元，共2.9元。小明对妈妈的负债仍然是0.5元，负债和所有者权益相加为3.4元。同时，小明手里有3元现金和2份报纸，每份报纸的进价是0.2元，他持有3元现金和0.4元存货，资产共3.4元。此时，小明的资产还是等于负债与所有者权益之和，如表2.3、表2.4所示。

表2.3 周六的资产负债表

单位：元

现金	3	负债	0.5
存货	0.4	所有者权益	2.9
资产总计	3.4	负债和所有者权益总计	3.4

表2.4 周六的利润表

单位：元

收入	3
费用	0.6
利润	2.4

（4）周日小明卖出剩下的2份报纸，取得收入2元，采购报纸的费用是0.4元，收入减去费用是小明当日获得的利润，共1.6元。该利润归小明所有，所有者权益又增加1.6元，共4.5元。对妈妈的负债不变，仍然是0.5元。小明手中已经没有报纸，只有5元现金资产。负债与所有者权益之和与资产相等。小明周末两天共取得收入5元，采购费用为1元，获得利润4元，如表2.5、表2.6、表2.7所示。

表2.5 周日的资产负债表

单位：元

现金	5	负债	0.5
		所有者权益	4.5
资产总计	5	负债和所有者权益总计	5

表2.6 周日的利润表

单位：元

收入	2
费用	0.4
利润	1.6

表2.7 周末两天的利润表

单位：元

收入	5
费用	1
利润	4

小明最初投入的1元钱经过两天的价值旅行后变为5元钱。金钱在经营运转中能够得到增加，这就是经济活动的魅力所在。

四、财务更是决策工具

前文用财务语言记录了小明卖报纸的整个经营过程,展示了其财务状况的变化和销售情况。资产、负债、所有者权益、收入、费用和利润就是会计六大要素。任何一个经济主体的经济活动都可以通过这六大会计要素进行记录和反映。六大会计要素之间存在一定的关系,在一些情况下可以相互转化,对其他会计要素产生增益或损耗的效果。

六大会计要素之间存在这样的关系:

(1)资产=负债+所有者权益。

(2)利润=收入−费用。

会计要素可以简明扼要地把复杂的经济活动以类似投影的方式展现出来,使人们一览整个经济活动的全貌。学习财务语言,首先需要掌握的就是会计要素。财务的会计核算工作即是按照财务语言的规则,通过对经济活动和事项进行分门别类的收集、整理和记录,将其装入会计要素的六个"筐"内。掌握了会计要素的含义和相应规则,就等于把握了一座房子的框架结构,以此为起点,进一步分解、细化,房子里的一面面墙壁就出现了,各种色彩和装饰也逐步呈现出来了。

金钱函数的三大驱动因素即是由会计要素构造而成。收益率是利润与收入之比;周转率是收入与资产之比;杠杆率用权益乘数表示,是资产与所有者权益之比。充分认识和理解六大会计要素后,就可以知道各种经济活动对哪些会计要素产生影响,产生何种影响,进而对金钱函数的三大驱动因素如何发挥作用,并最终影响金钱函数的结果。

前文提到,与金钱函数类似,幸福函数中的健康函数、安全函数、事业函数、感情函数等子函数的提升都来自收益率、周转率和杠杆率。同样地,这些函数的三大影响因素也是由其他要素构造而成,这些因素与会计要素有着相通之处。会计要素作为前人提炼总结和历经多年实践检验的科学分类,已近于完美。当我们处于健康、安全、尊重、价值实现等决策场景时，如果能够借鉴会计要素的分类方法对各种因素进行梳理归类和分析思考，进而研究这些因素如何通过收益率、周转率、杠杆率三大因素影响决策结果，就能够让思考更加全面、逻辑更加清晰、决策更加有效。从这个角度来讲，财务除了是一门商业语言外，更是一种决策工具。

第 3 章

收入：可能的繁华泡影

一、认识收入

收入是六大会计要素之一，有了收入才可能有利润，才会有收益率和周转率。如果没有收入，收益率和周转率都将为零，当然也就无法实现"钱快速地生钱"。

财务专业上的收入是这样定义的：企业在日常活动中形成的、会导致所有者权益增加的、与所有者投入资本无关的经济利益的总流入。根据收入的定义，收入具有以下特点：

（一）收入是企业在日常活动中形成的

日常活动是指企业为完成其经营目标而从事的经营性活动以及与之相关的活动。例如，玩具厂生产玩具并销售，物业公司提供物业服务，商业银行对外贷款，建筑公司修建房屋，等等。

明确界定日常活动是为了将收入与利得区分开来，非企业日常活动形成的经济利益流入不能确认为收入，应当计入利得。利得要么直接计入当期利润，要么直接计入所有者权益。

（二）收入是与所有者投入资本无关的经济利益的总流入

收入会导致经济利益流入，从而带来资产增加。例如，超市销售商品会收到现金，带来了现金资产的增加。不过，经济利益流入有时是所有者投入资本的增加导致的。比如，投资者向企业投入资本100万元，这100万元会带来企业现金资产的增加，但这不是收入，而应该是所有者权益。

（三）收入会导致所有者权益增加

与收入相关的经济利益流入会导致所有者权益增加，不导致所有者权益增加的经济利益流入不是收入。例如，企业向银行借款1000万元会带来经济利益流入，但并不会导致所有者权益增加，因为钱是银行的，企业因此承担了还本付息的现时义务,这就不能确认为收入,应当确认为一项负债。

按照从事的日常活动在企业经营中的重要性,可将收入分为主营业务收入、其他业务收入。主营业务收入是指企业为完成其经营目标而从事的经常性活动实现的收入,不同行业的企业获取收入的业务来源不同,如超市销售商品、保险公司签发保单、餐饮公司提供餐饮服务等。其他业务收入是指与企业为完成其经营目标而从事的经常性活动相关的活动实现的收入,如工厂出售闲置的原材料、对外转让专利技术等。

主营业务收入可以不止一项,这取决于企业对经营范围的设定,比如,银行的利息收入是主营业务收入,中间业务收入同样是主营业务收入。网站的广告、游戏、直播都可以产生主营业务收入。

收入应当是在日常活动中形成的,在"守株待兔"这则成语故事中,树上撞死的兔子,对于农夫来说并非通过日常活动形成,不符合收入的定义,应该看作利得。但如果这个农夫除了耕田还经常打猎,在狩猎过程中可怜的兔子被追赶得晕头转向,撞树而死,那么这只兔子对农夫来讲就成了主营业务收入。

在健康函数中,通过科学搭配饮食、合理安排作息、定期进行保健等日常活动,对身体状况产生好的影响,从而形成健康收入。若只是将身体状况进行时间维度上的调整,通过药物刺激等手段改善当下的状态,对身体造成了透支,那就不属于健康收入,而是类似于金钱函数中的对外借款。在电影《宇宙护卫队:风暴力量》中,狂岚博士通过聚集能量升级成大 boss 与宇宙护卫队队员进行终极对决,失败后变得老态龙钟。宇宙护卫队队员猴子闪电奇怪地问:"狂岚博士怎么变老了?"兔子彩虹回答说:"应该是在吸收火恐龙能量的时候,过度激发了自身的生命力,造成了生命力的衰竭。"这说明兔子彩虹是懂收入概念的。

对于安全函数、事业函数、感情函数等其他幸福函数子函数来说,它们也有各自的收入。在经营这些函数的过程中,需要时刻牢记收入的含义,不能把偶发的好处当作收入,也不能把需要归还的东西当作收入,否则就会形成误判,进而影响行动和结果。

二、收入产生了吗

中国中铁（601390）发布过一则公告：公司及16家子公司组成的联合体中标广州市轨道交通十三号线二期及同步实施工程总承包项目。项目总工期54个月，合同金额179.85亿元，约占企业会计准则下公司上年度营业收入的2.61%。企业发布的这类重大业务合同公告是不是收入呢？这就涉及收入的确认条件问题。

企业收入的来源多种多样，如销售商品、提供劳务、出租资产等，不同收入来源的特征不同，其收入确认条件也不一样。一般而言，收入只有在经济利益很可能流入从而使企业资产增加或者负债减少，且经济利益流入额能够可靠计量时才能予以确认。

上述标准比较抽象，会计准则中有更明确的规定。通常企业应当在履行了合同中的履约义务时确认收入，即在客户取得相关商品控制权时确认收入。取得相关商品控制权，是指能够主导该商品的使用并从中获得几乎全部的经济利益。显然，中国中铁发布的重大业务合同公告尚未履约，不能立即确认收入，收入尚未产生。

业务特征不同，企业的收入实现也有区别。手机套餐通常会有明示或非明示的期限，电信公司提供服务后，一般是对客户按月或按某一个固定期限收费，电信公司与客户之间的这类关系就属于"在某一时段内履行的履约义务"。电信公司应当按照对应时段内的履约进度确认收入，比如，8月应向张三收取手机费100元，那么这100元就可以确认为该月收入。水电气的供应商也都有类似特征。

更为常见的商品交易一般与电信公司提供服务的方式不同，对企业来讲，属于"在某一时点履行的履约义务"，需要在客户取得相关商品控制权时确认收入。我们平时见到的商品买卖行为，多数属于这类交易。商家向消费者销售手机、衣服、玩具、首饰，一般是当场钱货两清，商家可以立即确认收入。有时候商家不一定能够当场取得现款，比如，服装公司向批发商发货，约定3个月后付款，此时服装公司仍可以确认该项交易收入实现，因为这符合客户取得商品控制权的特征。

实际经济活动中经常出现更为复杂的交易形式，比如捆绑销售、买一赠一、折扣销售、附销售退回条款的销售、附质量保证条款的销售、代理销售、附额外购买选择权的销售、售后回购、预收款销售等。另外，客户对价款的支付也可能多种多样，可能一次性支付款项，也可能分期支付款项；可能支付现金，也可能支付其他资产；可能是固定价格，也可能是可变价格。这些都是在收入确认环节需要考量的因素。

恋爱中的男女为了确认对方的情意，时不时会问对方："你会爱我一辈子吗？"对方说："当然了，不止一辈子，生生世世都会爱你的。"发问者于是眉开眼笑，仿佛在感情方面有了一大笔收入。其实，这种爱情承诺就像中国中铁发布的公告，感情收入还不能在当下进行确认，需要用未来的一辈子去分期兑现，因为这属于"在某一时段内履行的履约义务"。有些爱情虽然没有长久的誓言做背书，但却可以将感情收入实实在在地确认在当下，于是有了"不在乎天长地久，只在乎曾经拥有"的说法。

感情函数领域的交易形式同样复杂。准备再婚的女人对男人说："如果你不爱我的孩子，我就没法嫁给你。"这是捆绑销售。"如果你不给我买那个包，我就不爱你了。"这是附条件的销售。"如果你对我不放心，我们可以共同生活一段时间，不行就分手。"这是附销售退回条款的销售。男人答应了女人的全部条件，女人满心欢喜，这是附质量保证条款的销售。

三、真假收入

收入是经济主体财富积累的源泉，没有收入，就不可能有企业利润的增加、个人财富的增长，这个逻辑非常简单直观，任何人都能够理解。但也正是因为如此，收入经常被人有意或无意地利用。

一家创业公司在游说风险投资人进行投资时，往往会编制漂亮的收入增长曲线，以期得到投资人的青睐。商业计划书上展示的美妙前景能否打动投资人，往往决定引入投资的成败。创业公司全力说明自己的收入预测可靠真实，意向投资人则瞪大眼睛希望能发现其中的漏洞和疑点。无论如何，未来的收入都是基于诸多假设的推演，至于将来的结果以何种形式呈现仍然充满未知。

一家上市公司为了市值管理，除了讲故事外，也经常需要在收入上大做文章。故事构建了情怀、远景，让人心怀憧憬，但故事的真伪及演化往往通过收入来显示。券商的研报、专家的投资建议、股民的股票分析，都会将故事与收入进行关联对照，以期推断故事的可靠性和未来的可能性。一些上市公司往往会利用人们的这种思路来管理收入，进而影响人们的预期和股价。从上市公司造假案例来看，很多都与收入操纵有关，如调剂不同会计期间的收入，混淆收入与利得，通过包销、库存转移等夸大收入，以特定交易安排虚构收入等。随着资本市场的发展和监管要求的变化，收入造假也发生着变化，手法不断"创新"。

人们为了达到某种目的，也可能会夸大自己的收入。有的人是为了面子希望让人高看一眼，有的人是为了在婚姻中获得对方的认可，而有的人则是希望以此证明实力来吸引更多资金支持……不过，也有人纯粹是因为对未来的估计过于乐观而高估了收入。一些年轻人在买房时按照自己当前的收入上限来考虑目标房源和未来的按揭贷款金额，并乐观地认为以后收入还会增加，实际上未来的经济环境和个人收入很可能处于波动状态，而夸大收入可能会使自己在特定情况下陷入困境。

一个小伙子通过"啃老"得到的大笔钱财如果被美化成收入，会让姑娘们高估其赚钱的能力；如果父母因为小伙子为家庭赢得了很多利益而拿出一大笔钱财给他，姑娘们却认为他是在"啃老"，会低估其赚钱的能力。

收入是人们在经济活动中做出判断和决策的重要依据，因此会计准则对企业收入的确认有着相对严格的要求。但是，由于经济活动的复杂性，不同行业有着不同的商业模式和经营特征，会计处理不可能制定一刀切的标准，而是留给企业一定的专业判断和自由裁量的空间，但别有用心的企业往往会利用这个空间，故意夸大事实。避免被收入泡影冲昏头脑的关键防线就是牢记一点：不能最终变成钱的收入都是假收入。

在亲朋聚会时，有人会炫耀自己赚了多少钱，还有人会炫耀身上的衣服、孩子的成绩、结交的女友、游览过的地方等，无论是何种方式，都是在告诉别人自己在这些方面有着不菲的"收入"，真实情况外人往往不得而知，但有时候也会出现尴尬的情境。在一部韩国影片中，一个人向朋友炫耀自己新认识的漂亮女友，却不知眼前的女友竟是朋友的前妻。

随着互联网对人类生活的全面覆盖，炫耀的场景也从线下转移到了线上。有些人看似无意实则精心地打造着自己的微信朋友圈：优雅美丽的容颜、身处其中的美景、乖巧可爱的孩子、丰富多彩的精致生活……朋友圈俨然成了全方位展示自己的平台。当朋友圈里出现一堆点赞和留言时，那种获取收入的满足感更是充盈心头，一下就冲淡了现实生活中的苦闷和烦恼。围观群众中有人生出了羡慕嫉妒恨的复杂感受，善于联想的人更是从朋友圈中找到了幸福应有的状态，并且更深切地体会到了自己的不幸，暗下决心要过上别人那样的生活，于是对父母、配偶、子女提出了各种新的要求，言必称"看别人家的日子"，结果是严重影响了家庭和谐，给生活平添了更多烦恼。也有人对此冷眼旁观，认为"缺乏什么才会炫耀什么"，那些朋友圈发布的内容不过是说明他们在这些方面存在缺憾，每取得这些方面的收入就迫不及待地向世人展示。

金钱函数下的收入也好，其他幸福函数子函数下的收入也罢，人们都希望取得更多的收入，并在各种比较中心生涟漪甚至泛起巨浪。只有清晰地识别真假收入，才能按照规律做事，并且心无旁骛、不受干扰。

四、斜杠青年

一家企业可以既有主营业务收入，又有其他业务收入，并且主营业务和其他业务可以不止一项，而是多项同时存在，有点类似于斜杠青年。

"斜杠青年"来源于英文 slash，出自《纽约时报》专栏作家麦瑞克·阿尔伯撰写的《双重职业》，指的是不再满足于单一职业的生活方式，而选择拥有多重职业和身份的多元生活的人群。这些人在自我介绍中会用斜杠来区分，例如，张三，律师/演员/投资人。"斜杠"便成了他们的代名词。与斜杠青年类似的说法还有两栖青年。

斜杠青年的出现有社会发展的必然性。近现代工业社会的生产方式将人类限制在固定的场所和岗位，专业、分工是那个时代的主要特征。人们从小接受的教育就是要掌握一技之长，以便成为社会大生产过程中的一枚"螺丝钉"。我们很难想象《摩登时代》里卓别林扮演的流水线工人能够成为斜杠青年。在后工业时代，服务业得到了极大的发展，知识和创造力在生产要素中发挥的作用越来越大，生产组织方式变得更加灵活多样，人们获得了更大的自由度。

有了存在的客观条件后，个人才能的释放和金钱函数驱动则成为斜杠青年存在的主观条件。打开朋友圈，信息最多的就是微商这类斜杠青年；喝酒后找的代驾，可能也是一个斜杠青年；朋友结婚，婚庆公司的主持人也可能是个斜杠青年。斜杠青年由过去的"走穴"的演员、医生、主持人等扩展到了更为广泛的民众，斜杠青年已随处可见。

借用"斜杠"的概念，很多企业也是斜杠企业，并且在"斜杠"方面做得风生水起。联想给大众的印象是一家生产电脑的企业，再多就是生产手机，而实际上联想是一家非常典型的斜杠企业。查阅联想控股2017年财报发现，全年共实现收入3162.63亿元，业务单元包括IT（信息技术）产业、金融服务、创新消费与服务、农业与食品、新材料等多个领域。

将斜杠青年看作一个经济主体，其多重职业和身份相当于企业的多种经营业务，从多个渠道取得收入。很多人在工作之外还进行了各种投资，购买理财产品、股票、P2P、外汇、期货等，从这些渠道取得的经济利益可以看作利得。从财务视角来看，个人和企业是一样的，都有收入和利得。

昆仑万维（300418）以游戏起家，后来投资了信达天下、银客网、趣店、映客、Opera等项目。2018年半年报显示，昆仑万维实现营业收入17.68亿元，实现归属于上市公司股东的净利润5.63亿元，净利润中有44%是出售趣店的股权所得，其余利润多是由收购的游戏公司贡献。从财务报告历史数据来看，昆仑万维的投资活动已经从最初的利得变成实质上的主营业务。如果"守株待兔"这个寓言故事中的农夫可以经常捡到撞上树桩的野兔，或许也能将这项利得当作主营业务。2015年股市处于牛市的时候，一位朋友投资的股票出现了大量浮盈，恰好那段时间工作不太顺心，于是辞职专职炒股，结果6月股市多次出现波澜壮阔的千股跌停，一下子击碎了他的想法，后来不得不重新找工作。

斜杠企业多元化经营有着众多看似合理的理由，其实多元化也会带来很多问题，中外历史上有很多失败的案例，但也有很多成功的案例。斜杠青年也一样，通过多重职业、多重角色来扩大收入来源，激活闲置时间、充分发挥才智是值得点赞的一件事情，但是这个路途也许不会一帆风顺。无论如何，成为斜杠青年意味着开源，意味着有了更多的可能收入，从而提高收益率，提升金钱函数。

在感情函数中，有人为了确保感情收入的实现，可能会扮演斜杠青年，用"脚踩两只船"的方式保持多个交往对象。在劳动力是重要的生产和养老资源的年代，人们倾向于生育更多的子女，这样就可以在子女身上获得更多的"收入"。

总之，无论是个人追求幸福函数各个子函数的更大产出，还是国家、家庭或组织为了获取更多的收入，常常都会采取"斜杠青年"的策略。但这个策略具有两面性，它可以确保更多的可能收入，同时也意味着资源的分散，并不是"斜杠"越多越好，反面案例也比比皆是。

五、中等收入陷阱

如何让企业健康地持续发展是企业家普遍关心的问题，尤其是企业规模还比较小的时候。在现实世界中，很多企业多年来一直维持几乎不变的规模，收入、资产、利润都没有太大变化。老板想改变现状，但没有起色，相反，随着厂房租金、人工成本、原材料成本的上涨，会有"王小二过年，一年不如一年"的感觉，这其实是掉入了企业的中等收入陷阱。

2006年世界银行发布的《东亚经济发展报告》提出了"中等收入陷

阱"的概念，该报告在描述这一现象时指出，在20世纪后期的工业化浪潮中，鲜有中等收入的经济体成功跻身高收入国家行列。很多国家往往在经历一段时间的高速增长之后便陷入经济增长的停滞期。这些国家既无法在工资方面与低收入国家竞争，又无法在尖端技术和现代服务业方面与富裕国家竞争。

中国在经历了30多年的高速增长后，经济增速大幅放缓，一些经济社会的深层次问题也逐渐暴露出来。由于有着众多的前车之鉴，无论政府还是专家学者，最近几年对中等收入陷阱的问题都格外关注。这边一位专家说中国已经进入了中等收入陷阱，那边一位专家又说中国不会进入中等收入陷阱。这些观点无论对错，恰恰说明了大家对这个问题的重视。

从小一点的地域范围来看，"中等收入陷阱"的概念也适用于各个经济区域。在中华人民共和国成立后的一段时间里东北地区在经济建设方面取得了非常大的成就，有力地支持了中国整个工业的发展。但是，东三省近些年人均生产总值陷入了停滞状态，区域内老龄人口比例呈现上升趋势，劳动力人口数量和比重连年下降，以重化工和资源类产业为主的经济结构多年来也未有大的转变。

"焦虑"近年来成为引发很多人共鸣的一个词语。充满不确定性的事业前景、收入水平、家庭开支、天灾人祸，都会加剧人们的焦虑情绪。一个人参加工作初期收入状况改善，无疑会带来一些"经济独立"的喜悦；随后几年勤奋肯干，技术和经验逐步积累，工资也会有所增长；但后来却发现，无论如何努力，工资再也不增长，多年来从事的工作内容也已经熟悉甚至厌倦，看着身边一个个新加入的"新鲜血液"，惶恐感油然而生。

无论是国家、区域经济体、企业还是个人，陷入中等收入陷阱后，一方面收入增长停滞甚至倒退，另一方面各类开支不见减少甚至日益增多。几年前热播的电视剧《蜗居》中，郭海萍有一段内心独白："每天一睁开眼，就有一串数字蹦出脑海，房贷六千，吃穿用度两千五，冉冉上幼儿园一千五，人情往来六百，交通费五百八，物业管理费三百四，电话费两百五，还有煤气水电费两百。也就是说，从我苏醒的第一个呼吸起，我每天要至少进账四百，至少……这就是我活在这个城市的成本。这些数字逼得我一天都不敢懈怠，根本来不及细想未来十年。"

男女之间产生爱慕之情时，下丘脑中会分泌多巴胺等神经递质，于是两人就有了恋爱的感觉，并时常会幻想这种感情会天长地久。但科学研究表明，持续的多巴胺分泌会使大脑产生疲倦，很多人多巴胺持续分泌的状态也就半年左右，这是恋爱的"中等收入陷阱"。两个人想要更长久地在一起，只好从其他方面不断地编织意义之网，比如，有人讲要"始于颜值，敬于才华，合于性格，久于人品，终于慈悲"。

国家和地区的产业发展调整、企业的多元化经营、个人事业的斜杠化，实际上都是在试图保持一种持续发展和收入增加的状态，但真正能实现这个目标的人少之又少，多数情况是左冲右突不见起色。简单的多元化或者斜杠化往往无法解决中等收入陷阱的问题。一个孩子开始搭积木的时候会越搭越高、越搭越大，当搭到一定的程度时，再往上面增加积木，则可能会破坏整个积木体的平衡，影响美观甚至使其倒塌。一个经济单位在收入增长初期，往往是逐步减少闲置生产要素的过程。家庭联产承包责任制带来的粮食增收激活了农民沉睡的劳动生产力；农民工进城务工带动二、三产业大发展，是将农业生产的闲置劳动力转移到了二、三产业。当农业技术没有进步、可耕种土地不再增加、农业生产人员减到最少时，粮食产量很难再有增长，二、三产业也难以再注入新的人力资源动力，在没有其他生产要素发生变革的情况下，二、三产业同样会陷入停滞。

一对年轻夫妇生育孩子后，妻子离开职场在家照看孩子，家庭收入则由丈夫一人赚取，当丈夫努力工作和肩扛"斜杠"到一定程度时，家庭收入增长就会进入瓶颈期，很难再有突破。这时候如果夫妻双方退休在家的父母愿意放弃自己娱乐休闲的时间，接管妻子照看孩子的任务，妻子就可以重返职场，赚取家庭的又一份收入。当妻子投入工作并把自身的才智运用到一定程度时，家庭收入增长又会进入一个新的瓶颈期。这时如果退休在家的老人除了照看孩子，还有人重新走上工作岗位，那么这个家庭的收入就会又一次增长……当这个家庭的所有成员都有工作任务，并将闲暇时间减到最少时，家庭收入就进入一个难以突破的中等收入陷阱。这是家庭闲置生产要素不断投入生产的情形。

中等收入陷阱是一种在各种领域普遍存在的现象，减肥、运动、人际交往、技能学习、市场开拓、经济发展等都会出现瓶颈期，这就类似于中等收入陷阱。中等收入陷阱产生的原因主要是特定环境（包括生产力水平、生物进化阶段、社会发展情况、国家或地区的资源禀赋、国际环境等）下资源的稀缺和资源利用能力的有限性。

闲置生产要素永远是有限的，摆脱中等收入陷阱的根本在于对生产要素进行重新组合或者占据更有利的生态位，从而使其产生更高的效率。国家之间的政治和解、区域的产业升级、企业的 IPO（首次公开募股）、婚姻的重新组合、个人从打工转向创业等都属于此类。同样是碳元素，不同碳原子结构的组合产生的碳、石墨或者金刚石的价格不尽相同；同样是木炭，用于百姓家取暖做饭还是用于战争中制造火药，其价值发生了变化。

第 4 章

费用：有得必有失

一、认识费用

有得必有失,有投入才能有产出。如要销售产品,必须先进行生产。要生产产品,则会消耗料工费,行政管理部门要支付各种管理费用,拓展市场要发生销售费用,筹集生产经营资金要支付利息。此外,企业应缴纳的所得税也是一项费用。总之,费用的名目多种多样。

(一) 何为费用

根据《企业会计准则》的定义,费用是指企业在日常活动中发生的、会导致所有者权益减少的、与向所有者分配利润无关的经济利益的总流出。从这个定义可以看到费用的三个特征:

第一,费用是企业在日常活动中发生的。

费用必须是企业在日常活动中发生的,这些日常活动的界定与收入定义中涉及的日常活动的界定相一致。日常活动所产生的费用通常包括销售成本(营业成本)、职工薪酬、折旧费、无形资产摊销费等。将费用界定为日常活动中所发生的,目的是将其与损失相区分,非日常活动所发生的经济利益的流出不能确认为费用,而应当计入损失。

为了维持健康函数的产出,人们正常作息,一日三餐,这都属于日常活动,因三餐而产生的支出可以确认为费用。但如果暴饮暴食,既消耗了食物,又损害了身体,这种行为对健康函数而言就不属于日常活动,暴饮暴食的支出就应该确认为损失,而不是费用。

在外部环境影响下,人们容易陷入焦虑,精神内耗成了现代人的标配。白白消耗一个人的精力和身心健康却没有任何产出,是典型的损失。除了个人的精神内耗外,家庭、团体、企业、政党、国家、族群等主体内部的各种矛盾冲突也是一种损失。在竞争、战争、暗自较量等过程中,一方常常会故意挑拨离间、制造事端,让对方产生内耗,偏离日常活动,造成各种损失,进而从中渔利。无论是主动还是被动,内耗都是一种极大的损失，它的数额可能比费用还要大得多，从而对利润形成很大侵蚀。但是，由于内耗的隐蔽性，人们往往容易忽略，需要格外警惕。可以说，消除内耗就等于创造利润。

第二，费用是与向所有者分配利润无关的经济利益的总流出。

费用的发生会导致经济利益的流出，从而导致资产的减少或者负债的增加（最终也会导致资产的减少）。费用的表现形式包括现金或者现金等价物的流出，存货、固定资产和无形资产等的流出或者损耗。鉴于企业向所有者分配利润也会导致经济利益的流出，而该经济利益的流出显然与日常经营中为了获取收入而发生的耗费不同，应当将其排除在费用的定义之外。

企业向股东支付的红利，子女赡养或侍奉父母发生的经济和体力支出都不应该看作费用，而是对所有者分配利润。

第三，费用会导致所有者权益的减少。

与费用相关的经济利益的流出会导致所有者权益的减少，不会导致所有者权益减少的经济利益的流出不符合费用的定义，不应确认为费用。一般而言，企业的所有者权益会随着收入的增加而增加，费用的增加会减少所有者权益。

某人花费 3000 元买了一部手机，这是金钱和手机两种资产之间的相互转化，并没有导致所有者权益减少，因此不能认为是发生了费用。当这部手机报废时，才能确认为费用。

可见，平时我们所说的支出与费用不是等同的概念。企业发生的支出泛指各种经济利益流出，只要有了资金支付，就可以认为发生了支出。有些支出会形成费用，而有些支出可能是购买了资产、偿还了债务或者分红。费用也不一定有直接对应的支出，比如，固定资产折旧会计入费用，但其支出可能早已发生，也可能是约定在一段时间后再支付。

由于费用往往与收入相伴，有失才有得，因此，在费用发生的过程中，一方面要追求以较低的费用取得较高的收入，即要考虑投入与产出的关系，另一方面要尽量避免损失的发生。高明的中医在治病时也会运用这种思维：当病人因肠胃胀满而不能好好吃饭时，医者并不急于给他补充食物，往往会先用承气汤之类的方剂解决腹中的"实证"，因为这时候补充食物会形成损失，待腹中"实证"消除后，再给以健脾胃的药物和少量易消化的食物，以较低的费用获取更高的健康收入，然后根据病人的情况逐渐使其恢复正常饮食。

（二）五花八门的费用

费用是为了收入的"得"而产生的一种"失"，是为获取收入发生的资产流出或资源牺牲，实质上是已经耗用的资产。从不同分类角度我们可以看到费用表现形式的多样性。

1. 经济内容角度的费用

按经济内容来分，费用可以分为外购材料、外购燃料及动力、工资薪酬、折旧费、利息支出、税金、其他费用等。

这种分类方式可以反映企业在一定时期内发生了哪些生产费用、金额是多少，便于分析和考核各个期间的费用构成情况和支出水平。

费用的内容必须与企业的主营业务相关联，与企业所发生的具体经济事项相联系，企业发生的费用有许多是相同的，如大部分企业都有差旅费、办公费、业务招待费、通信费、职工薪酬、税费等费用发生。但由于行业不同、规模不同，或处于不同的发展阶段，企业发生的费用性质和内容往往存在一定的差异。制造业企业有材料费、人工费、机器折旧费，金融企业有资金成本费，进出口企业有报关费，准备上市的企业有上市辅导费，房地产企业有销售代理费，发生诉讼的企业有诉讼费、律师费等，这些费用都与企业的主营业务、行业特点或者企业的某项经济业务有必然的关联。

对于幸福函数各个子函数来说，追求更大产出，也是需要发生各类费用的。比如，安全函数需要发生住房费用、饮食费用、保健费用、交际费用、娱乐费用、纳税费用等；感情函数需要发生陪伴费用、交流沟通费用、往来送礼费用、互帮互助费用、父母赡养费用、子女养育费用等；事业函数则需要发生学习费用、技能培训费用、关系维护费用、经验积累费用等。

2. 经济用途角度的费用

按经济用途来分，费用可以分为对象化费用和期间费用。

对象化费用常常称为成本，它能够计入具体的成本对象，比如生产一套家具，构成家具的木材、胶水、油漆、生产工人的工资都会被计入家具的生产成本。这套家具卖出去后，就不再为家具厂所有，其承载的价值也一并流出企业，从而形成营业成本。这个营业成本是由生产过程中投入的直接材料、直接工资、制造费用等生产成本转化而来的，这些经济利益的流出都有具体的承载对象。

生产成本的发生虽然表现为某种经济利益的流出，比如支付货款给供货商，但是，在产品销售出去之前，这类经济利益流出并不属于费用，而是以另外一种资产形式存在，比如车间的在产品、仓库的产成品等，一般在资产负债表中列示为存货。只有在产品销售出去之后，这种经济利益流出才转换为费用，此时它在利润表中以营业成本列示。

期间费用不能计入产品生产成本，而是直接计入发生当期损益的费用，包括管理费用、销售费用和财务费用。期间费用与一定的期间相联系，不能计入具体产品对象，比如，我们可以说2023年发生管理费用1000万元，这个2023年就是期间。高层管理人员的薪酬不能具体追溯到是哪一件产品引发的，即不能对象化，只需要将其直接计入当期的管理费用即可。

对一个家庭来讲，那些能够明确区分家庭成员的费用可以看作对象化费用，比如孩子上学的费用、老人看病的费用；其他则可以看作期间费用，比如日常的柴米油盐费用。

费用按经济用途分类，能够清楚地反映直接用于产品生产、组织管理、销售产品的支出情况，有利于了解整个企业的费用计划、预算等的执行情况。我们平常关注的毛利率与对象化费用有很大关系，在售价既定的情况下，产品成本越低，毛利率越高，反之则越低。毛利润减去期间费用后，就是企业的营业利润，只有毛利润足够高，才能覆盖各类期间费用，才能产生利润。

对象化费用管理的目的是为企业争取更大的毛利润空间，而期间费用管理的目的则是在毛利润的基础上争取营业利润。

3. 固定费用与变动费用

按照费用与业务规模的关系划分，可以将费用分为固定费用和变动费用两类。

固定费用是指不随业务量变动而变动或变动极小的费用。当业务量在一定范围内发生变化时，这类费用一般不变。但是，就单位产品所负担的固定费用来说，却是和业务量的变化成反比例关系，业务量越大，单位业务量负担的费用就越小。例如，机器设备折旧、高层管理人员的工资等基本属于固定费用。"一只羊是放，两只羊也是放"，说明在既定付出的情况下（比如，雇佣了一个按月计薪的放羊人），放一只羊和放两只羊没有太大区别，这个"既定付出"就是固定费用。一个家庭有两个孩子，如果这两个孩子住在一个房间里，那么孩子的住房费用也是固定费用。

变动费用是指随业务量变动而变动的费用，业务量越大，费用总额就越大，但是，就单位业务量所对应的费用来说却是不变的。例如，生产某型号桌子所用的木材、养育孩子的教育成本、消化食物所耗费的肠胃能量等，都属于变动费用。

区分固定费用和变动费用，有利于寻找降低成本费用的途径，从而提高目标函数的值。一般而言，企业的产品成本通常是变动费用，但期间费用变动幅度一般不会很大。对于期间费用的变化，需要考虑其与营业收入的配比程度。

期间费用若有较大幅度变动，往往预示着有重大事项发生。例如，销售费用的剧增，意味着企业销售政策的变化或是某种新产品推广的需要；财务费用的大幅变化，意味着企业大额筹资的发生或偿还；管理费用的变化，可能是薪酬政策调整所致。

同样，在观察健康函数时，如果人体健康状况良好，精力、体形、头脑反应、身体机能都有着相对平稳的状态，说明其投入的睡眠、饮食、运动等费用能够正常地产出健康；但如果出现突然肥胖或消瘦的状况，则可能意味着身体内部发生了重要变化，这种情况下，身体消耗了各类健康资源，发生了健康费用，却没有获得正常水平的产出。

4. 可控费用与不可控费用

按费用能否为某一责任单位所控制划分，可以将费用分为可控费用和不可控费用。

可控费用是指在某一责任单位的权责范围内能够直接控制的费用，不可控费用是指在某一责任单位的权责范围内不能直接控制的费用。

可控费用和不可控费用是相对的，是对于某一责任单位而言的，在某一范围内的不可控费用对另一责任单位而言可能是可控的。一个家具车间无法决定新产品研发的投入，但对于家具公司而言则属于可控范围。基于这样的费用可控情况，产品研发费用就不应计入车间的业绩考核，但可以计入公司管理层的业绩考核。

按责任单位的控制情况对费用进行分类，有利于确定各责任单位的经济责任，正确评价其经营绩效。所谓"改变你能改变的，接受你不能改变的"，实际上也暗含了这种可控与不可控的区分。一个责任主体应该在可改变的范围内对费用的发生进行干预，对于不能改变的，就不要杞人忧天，花费太多心思和精力去设计策略。

很多职场提升课程都会讲到一个词，叫作"情绪管理"，其核心思想是无意义的情绪反应是没必要的。在互联网的传播下，"情绪管理"这个词已经深入职场人心里。从职场小白到职场精英都会经常用这个词来提醒别人或自己。情绪管理的底层原理就是要识别可控费用和不可控费用，情绪是一种可控费用，不应该用在没有价值的事情上。

二、费用产生了吗

（一）费用的条件

某项经济利益流出符合费用的定义和这项经济利益流出能否作为费用入账是两回事。符合费用定义的经济利益流出，只是说明可以划入费用这个会计要素，但能不能入账则是会计确认的问题，它要解决的是符合费用定义的经济利益流出在哪个时间和标准下进行确认。例如，按照费用的定义来判断，办公室装修支出应该属于费用，如果只是简单粉刷，这个支出可以马上确认为费用，但如果这项装修工程较大，花费较多，则应该在一定年限内进行摊销，不能马上全部确认为当期费用。

费用确认是一个重要的问题，直接关系到经济单位在特定期间内的盈亏，对利润表有着立竿见影的影响，会影响信息接收者的决策。因此，费用确认也是需要企业特别关注的。费用的确认除了应当符合费用的定义外，至少还应当符合以下条件：

一是与费用相关的经济利益很可能流出企业。

二是经济利益流出企业会导致资产的减少或者负债的增加。

三是经济利益的流出额能够可靠计量。

企业通过猎头引入一名高级员工，约定年薪100万元，这100万元能否在员工入职时确认为费用呢？答案是不能。员工入职时双方只是签订了合同，员工并未提供服务，企业也不负有向其支付100万元的义务，不符合费用确认的第一个条件。到了年底，由于该员工表现良好，老板当众承诺给他发一笔可观的年终奖。假设老板一言九鼎，言而有信，那么该项年终奖支出很可能会发生，并且会带来企业资金这项资产的减少。但是，由于老板没有说明具体金额，不能可靠计量，这笔年终奖就不能确认为费用。

（二）收益性支出与资本性支出

费用的实质是资产的耗费，但并不是所有的资产耗费都是费用。如果某项支出的效益延续几个会计年度，该项支出应予以资本化，不能作为当期费用；如果某项支出仅对当年产生影响，则应在当年确认为费用。

这一原则对费用的确认给定了一个时间界限，一笔支出一次性计入当期费用还是分为几年计入各期费用，对损益的影响明显是不同的。一笔300万元的办公室装修支出全部计入装修发生当年，可能让一家盈利状况不太好的企业直接陷入亏损；而如果按照租期5年进行分摊，每年计入费用60万元，则可能会让该企业实现盈利。正确区分收益性支出与资本性支出，可以保证企业正确地计量资产的价值和正确地计算各期的产品成本、期间费用及损益。

收益性支出和资本性支出的识别对决策至关重要。资本性支出的主要特征在于长期受益和延迟回报，如果用即时回报的期待去评价一项资本性支出，肯定会做出错误判断；如果用延迟回报的期待去评价一项收益性支出，同样也会得出错误结论。大量的书籍和文章都在告诉人们要学会"延迟满足"，前提就是这项支出必须是资本性支出，比如，读书学习、锻炼身体、结交人脉，都可以看作资本性支出。但如果一项支出是收益性支出甚至损失（如结交坏朋友），人们却在等待迟来的满足，那必然会是一场空，就像一粒种子因遭受暴雨冲击已经无法发芽，农民即使苦苦等到秋天也是颗粒无收。

（三）费用的权责发生制原则

划分收益性支出原则与资本性支出原则，只是为费用的确认做出时间上的大致区分，而权责发生制原则规定了具体在什么时点上确认费用。凡是当期已经发生或应当负担的费用，不论款项是否收付，都应作为当期的费用；凡是不属于当期的费用，即使款项已在当期支付，也不应当作为当期的费用。

如果约定企业 300 万元的装修费用在一年质保期过后支付，在按 5 年分摊费用的会计处理方式下，即使没有发生支付，第一年仍然要确认 60 万元费用。如果企业在年底预付了 100 万元装修费用，但是并没有动工，虽然款项已经部分支付，但当年不能确认任何费用。

为方便照顾读初中的孩子，某人在学校附近租了一套房子陪读。房子租期 3 年，租金一次性支付，共计 9 万元。这 9 万元不能确认为当年的费用，而是要在 3 年内进行分摊，即每年 3 万元租房费用。

（四）费用的配比原则

由于发生费用的目的是取得收入，那么费用确认就应当与收入确认相联系。为产生当期收入而发生的费用，应当确认为该期的费用。配比原则的基本含义在于，当收入实现时，某些资产已被消耗（如原材料）或已被出售（如产成品），某些劳务已经提供（如家政业务），已被耗用的这些资产和劳务的成本，应当在确认有关收入的期间予以确认。如果收入要到未来期间实现，相应的费用也应递延分配于未来的实际受益期间。费用的确认，要根据费用与收入的相关程度，确定哪些资产耗费或负债的增加应从本期收入中扣减。

公司购进一批面膜，发生采购支出50万元，这50万元并不是费用，而是从资金资产转换为面膜资产。如果这批面膜在当年出售，那么应在确认面膜销售收入的同时确认50万元的面膜销售成本；如果这批面膜三年后才出售，那么三年后才能确认50万元的面膜销售成本。

通常情况下，企业的收入造假会伴随着费用造假。费用造假的手法无非是根据需要在应该确认为费用的时候不确认为费用（比如，将该计入本期的费用延迟到以后年度），或者在不该确认为费用的时候故意确认为费用（比如，将本该分摊几年的费用一次性计入当年）。

在其他场景下的收入造假也类似。比如，有的同学成绩优良，总想着以聪明的形象示人，经常刻意展示一种随便学一下就能取得良好成绩的形象，但实际上他经常晚上学习到12点。这其实是在学习函数上展示了收入，但隐匿了费用。

三、支出不等于费用

费用的第一个特征是企业在日常活动中形成的，而日常活动的直接目的往往是产生收入。将费用界定为日常活动所形成的，是为了将其与损失相区分。非日常活动所形成的经济利益的流出不能确认为费用，而应当计入损失。这类非日常活动所形成的经济利益的流出属于有投入没有回报，正如"肉包子打狗——有去无回"。

尽管"肉包子打狗"常用来描述损失发生的状况，不过，仅就"肉包子打狗"这个场景来看，却不必然对应着损失。"肉包子打狗"在财务上如何看待，要取决于更为具体的业务背景。

狗养殖场的饲养员用肉包子打狗，实际上是为狗提供了食物，有利于狗的生长，从财务的视角来看属于生产成本，将增加狗的存货价值，把狗卖出去后，这部分价值随着狗的出售而形成费用。如果这只狗不准备售卖，而是养殖场用于看家护院，那么这只狗不会通过售卖形成收入，肉包子这项支出无法对象化，只能看作期间费用中的管理费用，具体费用项目可能是诸如"管理费用——保卫费"之类；如果这只狗是幼小的种狗，那么打出去的肉包子将增加小种狗的价值，成为种狗这项长期资产的一部分，会让养殖场在较长时间内受益，并在未来若干年内通过摊销进入费用；如果肉包子打的狗不是养殖场的，而是流浪狗，那么肉包子打出去不会给养殖场带来任何好处，就形成了损失。

打狗的肉包子这项经济利益流出可能形成长期资产、存货、费用、损失等多种情况。一个经济单位在发生经济利益流出时首先需要弄清楚的就是这项支出到底对应着什么，是在构建一项长期资产，还是在形成一件短期存货，抑或是为了正常运转而发生的费用，或者是无法产生任何收入的损失。

传统说法中的"养儿防老"是把养育儿子的支出看作在构建一项长期资产，期待儿子在未来给予长期回报，而"嫁出去的女儿泼出去的水"则强调了养育女儿的损失特征。随着社会发展和观念的变化，"养儿防老"的观点已经大为弱化，子女生养被很多人看作生命体验的一部分，养育孩子是为了体验这个过程中的喜怒哀乐，这种情况下孩子的养育支出费用特征更为明显。

一项支出归于何种会计项目，取决于人们的价值判断，会直接影响到人们对这项支出的意愿和持久程度。在《超生游击队》这个小品中，夫妻二人为了生儿子颠沛流离，其实是把儿子看作了长期资产；而"丁克"一族能顶住父母和亲朋的各种压力，坚持不生孩子，可能是把孩子看作了损失。

与此类似，生活中的任何一项支出，在财务视角下都有其特定的去向和归类。一个把购房支出看作构建资产的人会努力创造条件购买房产，以期获取长久和高额的回报，而把购房支出看作费用的人对买房兴趣不大，在他们眼中买房支出和租房支出是类似的，都是解决住的问题，都是居住费用而已。

资产视角下的支出让人们意愿强烈而痴迷，费用视角下的支出让人们愿意为之承受一定的压力，而损失视角下的支出则让人避之不及。一项支出到底是构建了长期资产还是形成了短期资产，或是一种必要费用，抑或是无谓损失？每一笔支出发生时人们都在潜意识里问这个问题并形成自己的判断。这个判断一旦做出，将决定这笔支出以什么样的特征发生。

误判费用、损失为资产，或者将资产看作费用、损失，都会出现不利后果。喜鹊误把杜鹃的蛋孵化，并喂养破壳而出的小杜鹃，就属于把损失看作资产，而只看到房子的居住功能的人则是把资产看作了费用。

四、沉没成本

"别为打翻的牛奶哭泣"是西方的一句谚语，中文表达则更精练，即覆水难收，意思是已发生的错误、已产生的费用、改变不了的事实就随它去，不要为此懊悔。财务中对"打翻的牛奶""覆水"有专门的词语，叫作"沉没成本"。

一位朋友向我讲述过这样一件事。有段时间他喜欢上了羽毛球，为此决定买双专门的羽毛球鞋。他到商场逛了一下午，眼看临近晚饭时间，再不买整个下午就白逛了，仓促之下买了一双鲜红的球鞋。当时他感觉鲜红的鞋子比较有特色，也显得喜庆，而且宣传册上的模特也是这么穿的。朋友第一次穿着这双鞋去打羽毛球，就觉得颜色不太适合自己，整个打球过程中都觉得这双鞋别扭。想到这双鞋价格不菲，不穿可惜，后来又穿着去打了几次球，可每次都觉得别人看自己鞋子的眼光有点异样，于是终于决定不再穿了。这件事情里面，朋友在沉没成本上犯了两次错误：因为逛了一下午所以买了一双鲜红的球鞋，因为花了大价钱所以强迫自己穿。"逛了一下午""花了大价钱"都属于沉没成本，在做新的决策时不应该再加以考虑。

沉没成本是指过去已经发生的、现在和未来的决策无法改变的成本。沉没成本是一种不相关成本。人们在进行决策时，有一种常见错误就是混淆相关成本和不相关成本。比如，有的人对东西特别爱惜，坏了的水果也舍不得扔掉，结果吃完后身体出了毛病，还要花一笔看病的费用。买水果花的钱已经是沉没成本，跟吃不吃是不相关的，选择吃或者不吃只需要考虑相关成本（吃坏水果会生病）就可以了。再如，一对恋人本来性情、三观均不合适，双方也都意识到了这个问题，却由于已经恋爱多年而选择结婚，后来又因为婚姻生活的种种问题选择离婚。对于这对恋人来说，过去的恋爱时间已经是沉没成本，属于不相关成本，在考虑是否结婚时不应作为重要因素。

不相关成本是指与决策没有关联的成本，不随决策的改变而改变。它是过去已经发生的成本，或者是虽未发生，但在各种替代方案下数额相同，对未来决策没有影响，因此在决策分析中可以不考虑。不相关成本的表现形式主要有沉没成本、不可避免成本、不可延缓成本、共同成本等。

不可避免成本是指通过决策行动不能改变其数额的成本，譬如约束性固定成本就属于此类。企业的生产经营能力和生产组织机构一旦确立，约束性固定成本就不可避免地要发生，其发生的数额不是企业的短期经营决策所能改变的。企业现有厂房等固定资产的年折旧费、孩子出生后的养育成本也属于不可避免成本。

不可延缓成本是相对于可延缓成本而言的，它是指即使财力有限也必须在计划期内发生的成本，否则就会影响大局。例如，旧厂房因暴雨冲击而发生大的裂痕，必须在计划期内进行大的修整，否则会造成严重后果，那么修整费用就属于不可延缓成本。人得了急症，必须送到医院救治，否则就会有性命危险，这个医疗费用也属于不可延缓成本。

共同成本是指为多种产品的生产或为多个部门的设置而发生的，应由这些产品或这些部门共同分担的成本。企业管理人员的工资、车间的照明费，以及需由各种产品共同负担的成本等都是共同成本。

相关成本是指与决策相关的成本，随着决策的改变而改变，在分析评价时必须加以考虑。相关成本的表现形式有很多，前文提到的变动成本就属于此类，另外还有机会成本、重置成本、付现成本、可避免成本、可延缓成本、专属成本、差量成本等。

机会成本是指放弃另一个方案提供收益的机会，失去所放弃方案的潜在收益是实行本方案的一种代价，称为本方案的机会成本。机会成本不是通常意义上的现实成本，不是一种支出和费用，而是在选择过程中失去的收益，是辩证的概念。当我们把钱用于购买股票时，就放弃了购买房子的收益；当我们选择做公务员时，就放弃了创业和做职业经理人的收益；当我们选择去某地旅游时，就放弃了去其他地方旅游的收益……每一项选择的背后都有机会成本。机会成本要求我们在做决策时全面考虑可能采取的各种方案，以便为既定有限资源寻求最为有利的使用途径。

具有讽刺意味的是，有些看似很有机会成本理念的行为却往往带来不利的结果。在婚恋问题上，有的朋友觉得一旦和某人结婚就很难再有机会选择更加合适的人，认为结婚的机会成本太大，然而寻寻觅觅却一直找不到"合适的人"，直到在婚恋市场上不再像以前那样具有主动权和选择权。其实，有如此想法的朋友忽视了一个重要问题：谁都不选择也是一种选择，同样具有机会成本，那就是一次次错过可能合适的人。

重置成本是指目前从市场上购置一项原有资产需要支付的成本，也可以称之为现时成本或现行成本，它带有现实估价的性质。与重置成本直接对应的概念是账面成本，即一项资产在账簿中所记录的成本。重置成本是一种更现实的成本。在房价上涨时期，我们常听到这类说法："我这个房子100万元买的，现在值150万元，有点想卖掉，但是担心卖了就买不回来了。"这个100万元的买入价格是账面成本，能够再买一套类似房产的价格是重置成本。有人劝一个闹分手的姑娘："不要分，分了再也找不到这样的小伙子了。"言外之意是说，寻找这样的小伙子重置成本太高。

付现成本是指需要在将来或者近期支付现金的成本，是一种未来成本。付现成本是在某项决策需要付现但又要全面衡量该项决策在经济上是否真正有利时应予认真考虑的，尤其是在资金紧张的时候更应慎重对待。在实际的经济活动中，企业往往宁愿采纳总成本高而付现成本较低的方案，而不是采纳总成本低而付现成本较高的方案。商家在对商品定价时，也会考虑对方的付现成本，针对不同的付款方式给予不同的价格政策。

可避免成本是指当方案或者决策变化时可以避免或数额会发生变化的成本，酌量性固定成本就属于此类。例如，通过改变劳动组织的办法去代替原先增加人员的方案节省下来的人工支出，就是可避免成本。

可延缓成本是指已经选定但可以延期实施而不会影响大局的与某方案相关联的成本。例如，两人原定在2018年买房结婚，但看到房价上涨太多，双方都同意先结婚再买房，这个买房成本就是可延缓成本。但如果双方认为必须先买房再结婚，而结婚又一定要在2018年，那么这个买房成本就是不可延缓成本。

专属成本是指可以明确归属于某种产品、某批产品或某个部门的成本。例如，专门生产某种零件而专用的厂房、机器的折旧费，某种物资的保险费，为结婚买的戒指，为孩子报的培训班等。专属成本为专门对象而发生，自然属于相关成本。

差量成本是指两个备选方案的预期成本之间的差异数，也叫差别成本或差额成本。不同方案的经济效益，一般可通过差量成本的计算明显地反映出来。比如，某零件预期自制单位成本为48元，而外购单位价格为52元，后者与前者比较，有差量成本4元，自制优于外购。

在决策过程中需要关注的是相关成本，将不相关成本纳入决策考虑范畴会带来错误的结论和不利的行为后果。明确区分相关成本和不相关成本，可以让决策者避免把精力耗费在收集那些无关紧要的信息上，减少无效或低效劳动。

另外，在实际应用中，应注意具体情况具体分析，不可机械地进行分类。为了出行方便，家里考虑买一辆汽车，这时汽车的购买成本属于相关成本，是一种变动成本。汽车买了以后，在考虑要不要开出去的时候，购买成本就变成了沉没成本，属于不相关成本，但汽油费、维修费属于相关成本。在汽车开出去后，对坐车的人来说，汽油费是一项联合成本，坐两个人或三个人汽油费几乎没有差别，如果路上遇到熟人想搭便车，一般情况下也会欣然答应。

五、共享经济的财务原理

随着手机移动终端和通信技术的发展，共享经济在近年迅速发展。有人称中国的新四大发明为"高铁、网购、扫码支付、共享单车"，共享单车就是共享经济的一种具体形式。国家信息中心正式发布的《中国共享经济发展报告（2023）》指出，"2022年我国共享经济市场规模持续扩大，在增强经济发展韧性和稳岗稳就业方面发挥了积极作用，共享经济主要领域亮点凸显""2022年我国共享经济市场交易规模约为38320亿元，同比增长约3.9%"。

共享经济最近几年才进入人们的生活，主要是新技术的发展使这种商业模式具备了现实可能，其背后的核心财务原理一直存在，只不过借助技术发展的春风，抢占了新的生机。共享经济的核心在于"共享"，对于客户来讲，他们共享了一件物品，比如自行车、电动车、汽车、充电宝、健身器材、唱歌机等；对于商家来讲，购置这些物品需要投入一笔资金，并随着时间产生折旧，在商家眼里共享经济是让客户共享了固定成本。

固定成本是指在特定业务量范围内不受业务量变动影响，一定期间的总额能保持相对稳定的成本。例如，人员固定工资、财产保险等。对于共享单车企业来讲，它们的一项主要固定成本就是单车的折旧费。这部分费用一旦发生，在一定的范围内不会发生变化。投入一辆单车后，这辆单车的年折旧费基本就确定了，无论是一人使用还是千人使用，都不会发生明显变化，但使用频次和里程越高，企业得到的收入越多，收益也就越大。所有已经出现的共享经济行业都是在利用固定成本的这一特征，基于这一特征，可以衍生出很多新的共享经济商业模式。

一定期间的固定成本的稳定性是有条件的，即业务量的变动是在特定的范围之内。比如，一个城市投入了既定数量的共享单车，在这些单车数量不变的情况下，其折旧费是不变的，然而，如果共享单车用户增多，原有车辆已不能满足需要，企业决定投入更多，这时候折旧费就会发生变动。我们把能够使固定成本保持稳定的特定的业务量范围称为"相关范围"。另外，固定成本的稳定性是相对的，从实际磨损程度来看，不同行驶里程和使用人员下的汽车的磨损程度肯定不完全一样。

固定成本的稳定性是针对成本总额而言的。比如，投入一辆共享单车，按10年摊销，那么在会计上其年度折旧总额是确定的，但如果从单位服务来看，服务量越大，单位服务分摊的固定成本越小。如果共享单车全年只用了1次，那么年度折旧额将全部计入这次服务，无疑将是亏损的。如果全年用了1000次，每次使用时间相同，那么年度折旧额就会平均计入这1000次服务，单次服务分摊的固定费用就会大幅降低，单次服务的收益就会增加。

除了共享单车外，还有共享汽车。共享汽车有一个更高级的名字叫"分时租赁"，其实就是按时间计费的汽车租赁。共享汽车与传统汽车租赁的区别仅在于实现形式不同。共享汽车是用户在线上自助完成，而传统汽车租赁则是在线下完成，但是，二者背后的财务原理是完全一样的。由汽车租赁推广开来，我们会发现所有租赁行业的商家都是在利用同样的财务原理，比如住房租赁、礼服租赁、建筑扣件租赁、飞机租赁等。甚至可以说，固定成本在相关范围的稳定性特征催生了整个租赁行业。

再由租赁行业推广开来，我们又发现，几乎所有行业、所有经济单位为了实现更多收益，都会对固定成本的相对稳定性加以利用：工厂在产品市场允许的情况下，会增加生产设备的运转时间；出租车运营者为了让车辆充分使用，会安排司机倒班；餐饮企业通过增加翻台次数来降低单位服务成本；培训企业希望在固定的教学场所内完成更多的教学课时；电信公司在设备已经投入的情况下通过送手机等活动吸引更多的客户；演艺公司在一场明星演唱会中努力吸引更多的观众；网红直播希望更多的粉丝同时在线……随着业务量的增大，单位产品所分摊的固定成本逐渐减少，单位产品带来的收益则会增加。

我们还进一步发现，很多社会公益性的产品、服务，以及个体的利他行为，都与固定成本的相对稳定性特征有关。政府在提供公共产品时，一个非常重要的考虑因素就是能否发生足够的业务量。一条公路如果只有小规模人群、车辆使用，那么这条公路大概率不会修建。个体的利他行为很多都是建立在"于己无害，于人有利"的基础上，于己无害是指实施利他行为不额外增加成本或者增加很少的成本，在固定成本已然产生的情况下，顺便帮别人一把通常是于己无害的，举手之劳、搭便车都隐含了这样的意思。

有些成本则是在特定的业务量范围内，其总额随业务量的变动而正比例变动，比如计件工资、销售提成等。这类成本直接受产量的影响，两者保持正比例关系，比例系数稳定，这个比例系数就是单位产品的变动成本。单位成本的稳定性也是有条件的，即业务量的变动是在特定的相关范围内。比如，某产品的单位直接材料成本一般是不变的，但当产量超出机器负荷时，可能会造成废品增加，单位产品的材料成本就会增大。

变动成本可能是由技术或设计关系决定的，比如，一辆汽车搭配四个轮子，这种成本是技术性变动成本，或者约束性变动成本。有些变动成本则是由经理人员决定的，比如销售产品的佣金，这类成本称为酌量性变动成本。

也有一些成本既不是固定成本，也不是变动成本，随着业务量的增长而增加，但又与业务量不呈正比例关系，这类成本称为混合成本。混合成本是固定成本和变动成本的综合体，兼有固定和变动的成分。对混合成本的管理和利用应注意观察其固定和变动的特征，以采取有利的策略。

六、5000元与6000元大有不同

费用管理是企业关注的重要事项之一，但费用并不能无限压缩，否则将影响企业的正常生产经营。企业费用控制的极限是维持基本运营的支出水平，低于这个水平，企业将难以为继；高于这个水平，则尚存削减的空间。当然，有些企业在效益较好的情况下，也会有意让费用支出相对松弛，将其视作员工激励的一种手段。

家庭的费用支出也有着类似特征。网上常见到《月薪数万，我活得像条狗》这样的文章，但也有另外一类文章，如《我和老公都是工薪族，已

经买了三套房》。月薪数万的人生活得非常落魄，而收入并不是那么高的人却积累了可观的财富，正常的生活费用到底多少才合适呢？

对于个人来讲，生活费用的最低标准就是能够维持劳动力的再生产。所谓劳动力再生产，是指劳动者劳动能力的恢复和更新，包括劳动者自身劳动能力的维持和恢复、劳动技能的积累和传授，以及新的劳动力的繁衍、培育和补充。按照马克思的观点，工人得到的工资就是资本家按照能够维持劳动力再生产的水平支付的。如果生活费用达不到这个水平，就会带来营养不良、健康恶化、劳动技能退化、新劳动力无法补充等问题。有时候我们问一个人收入情况如何，他可能会谦虚地说"能让生活打得走"，这个"打得走"，即是说能够满足日常开支，能够维持劳动力的再生产。

假设维持劳动力再生产的基本费用是每月 5000 元，那么月薪 5000 元的人就会是"月光族"，而月薪 6000 元的人，如果按照维持劳动力再生产的水平开支，则每月会有 1000 元的结余。有了这 1000 元，就可以用来做其他能够产生长期影响的事情，比如学习、投资理财等，而不再是简单的劳动力再生产，从而提高未来获取更多收益的可能性。可以预见，这种状况如果持续下去，在没有外部因素影响的情况下，月薪 5000 元的人只是日复一日地重复着日子，月薪 6000 元的人则有改善生活的希望。是否能够对未来有所期待，这就是两个人的本质区别。

很多家庭之所以几十年如一日贫穷，并看似形成了代际传递，其实这跟他们获取的收入始终停留在维持劳动力再生产的水平有很大关系。一位著名的媒体评论人曾在脱口秀节目中讲道："'穷人思维'的说法特别过分，过分在哪儿呢？人穷本身资源就少，他的眼界就窄，这几乎是一定的，它不是你嘲笑他的理由，'穷人思维'在很大程度上是瞧不起穷人。你想，你给穷人一对兔子让他养，他得买饲料吧，他买饲料的钱从哪儿来？他得搭个兔子圈吧，这兔子圈怎么搭？当他什么都没有的时候，这兔子在手里怎么办？他只能把它吃掉，那还能怎么办？所以，'穷人思维'不是思维的问题，而是确确实实他没有办法。"

当一个家庭的收入长期停留在维持劳动力再生产的水平时，如果这个家庭不想方设法去实现一些突破，或者通过压缩开支来形成结余，并将其

通用财务思维：
  人人都该懂财务

投入能够创造更多财富的事情中，这样的家庭就看不到生活改善的希望。

比如，一个穷人天天抱怨上天不公，为什么他干活最多、最累，却只能得到很少的财富，而富人一天什么事情都不干，却拥有更多财富。后来穷人就拉着富人来到上帝面前，质问上帝："为什么富人整天不用干活，拥有的东西比我多，吃的住的比我好，开豪车、住豪宅、享用美食？为什么我天天辛苦干活，却只能住最差的房子？我不服，我要求把富人的东西平均分配。"

上帝说："现在我就把你们变成一样的穷人，看看最后的结果。"

上帝把富人也变得和穷人一样，分给他们每人一座矿山，并对他们说："给你们一个月的时间，看你们谁挖的矿最多、赚的钱最多。"穷人和富人都答应了。这时穷人很高兴，心想："我天天干体力活，身体结实，肯定我挖得更快更多。"

第一天，穷人很卖力地挖矿，并拿到集市去卖，赚了一些钱，晚上买了很多美食回去跟家人一起享用。而富人第一天干苦力活，总是干一会儿停一会儿，一天下来累得半死，矿没挖多少，也没卖几个钱。到了晚上，富人买了几个馒头填饱肚子，把剩下的钱拿去请了一个五大三粗的壮汉来帮他挖矿。

穷人每天都自己拼命挖，而富人把每天赚来的钱都留出一些用来请更多的人帮他挖矿。一个月过后，穷人的那座矿山只挖了一点点，而富人却已经把他的那座矿山挖完了，赚了很多钱，家人的生活也早已有了改善。

看完这个故事，再来看媒体评论人对"穷人思维"这个说法的批判，似乎就不那么有道理了。主要是他把生活费用看成了刚性，忽视了其弹性。把一对兔子交给穷人，他不一定要买饲料，找点野草喂它们也是可以的；他不一定要盖标准的兔子圈，捡点废弃木板随便给兔子搭个窝，也能遮风挡雨。就像故事中的穷人和富人，每顿饭不一定都非要四菜一汤，短时间内只吃馒头和稀饭也是能生存的。当然，当一个人能够支配的钱财少到极点的时候，让他每月留出一部分结余做长期资产构建可能有些苛刻。但是，在大多数情况下，人们具备对费用开支在一定范围内进行自由配置的可能，能够为自己创造投资长期资产的条件，不然，一些拾荒老人多年坚持捐款行善是怎么做到的呢？

第 5 章

利润：一场辛苦只为它

一、不创造利润是不道德的

利润是指企业在一定会计期间的经营成果,包括收入减去费用后的净额、直接计入当期利润的利得和损失。如果企业实现了利润,表明企业的所有者权益将增加,业绩得到了提升;如果企业发生了亏损(即利润为负数),则表明企业的所有者权益将减少,业绩不佳。因此,利润往往是评价企业管理层业绩的一项重要指标,也是财务信息使用者进行决策时的重要参考指标。

企业是一种经济组织,其存在的首要目标是创造利润,只有利润不断增加才能保证企业持续生存下去,一家不断亏损的企业最终会被淘汰,失去作为企业的资格。资本市场上也有着类似的法则,亏损达到一定条件的上市公司会被"披星戴帽"甚至强制退市。所以说,创造利润既是企业的首要目标,也是其天职所在。

"一旦有适当的利润,资本就胆大起来。如果有10%的利润,它就保证到处被使用;有20%的利润,它就活跃起来;有50%的利润,它就铤而走险;为了100%的利润,它就敢践踏一切人间法律;有300%的利润,它就敢犯任何罪行,甚至冒绞首的危险。"马克思曾引用这段话来描述资本的贪婪,但从另一个角度也说明了资本的使命和对利润的孜孜以求。

一个经济单位从事经济活动,首要目标都是获取利润。比如,一家饭店的营业目标不是取得更多的营业收入,而是在营业收入扣减各类费用后获得更多利润。网红的目标不是获得更多粉丝,而是通过粉丝实现更多销售,并在扣减开支后赚得利润。一个经济单位如果不能在可接受的时间内获取利润,即使营业额再大,顾客再多,门口再热闹,也会停止这项经营活动,不会一直去做赔本赚吆喝的买卖。"天下熙熙,皆为利来;天下攘攘,皆为利往",这里的"利",就是指利润。

从数值上看,利润是收入减去费用后的净额,加上直接计入当期利润的利得和损失等。其中,收入减去费用后的净额反映的是企业日常活动的经营业绩,直接计入当期利润的利得和损失反映的是企业非日常活动的经营业绩。日常活动和非日常活动的经营业绩都是利润的构成部分,都会增加所有者权益,让投资人的财富实现增长。但是,这两种利润有着不同的特征,日常活动的经营业绩与企业设定的主要经营内容相关,一般具有持续性和可预见性。而非日常活动的经营业绩与企业设定的经营内容无关或者关系不大,不属于主要经营范围,具有偶发性和不可持续性。对于华为公司来说,生产和销售通信设备产生的利润属于日常活动,出售使用过的机器设备带来的利润则属于非日常活动。对其他经济单位来讲也是类似的,一个人通过打工、做生意赚取的利润属于日常活动,通过彩票中奖得到的利润是非日常活动。

区分一个经济单位日常活动和非日常活动的经营业绩具有重要意义,可以让我们更客观地评估利润的实现质量和未来的持续性。

当评判利润多少的时候,必须给定时间范畴。比如,两家企业在三年内同样实现了1000万元的利润,但第一家是在第一年实现的,第二家是在第三年实现的,这两家企业的盈利能力实际上是有区别的。同时,利润的比较还要考虑资本投入的多少,两家企业同样获取了1000万元的利润,但是第一家投入的资本是2000万元,第二家投入的资本是5000万元,很明显第一家盈利性更好。另外,利润与现金是不同的,获取1000万元利润并不代表这些利润已经流入银行账户,可能有部分以赊销款的形式存在。有些做工程的朋友会说,这些年做了不少工程,账面上也赚了钱,但很多都是没收回的账款。这些没收回的账款往往在收回时会打折扣。

因此,评判利润的多少应在同样的取得时间、同样的资本投入、同样的风险特征的前提下进行。或者说,当我们看到利润数据时,要从时间、资本投入、风险特征几个角度进行全面分析,而不能只看利润数据。

什么时候算是实现了利润呢?由于利润反映的是收入减去费用、利得和损失后的净额,因此,利润的确认主要依赖于收入、费用、利得和损失的确认,其金额的确定也主要取决于收入、费用、利得和损失金额的计量。即当收入、费用、利得和损失确认时,利润自然而然就确定了。

经济主体追求利润,实际上是追求财务盈余的不断累积和增长。在幸福函数的各个子函数中,人们也会追求子函数目标产出的不断累积和增长。床上的婴儿不停地啼哭,希望大人抱起来安慰,他是在追求安全函数的利润;公园里锻炼的人挥汗如雨,不顾身体的疲惫,他们是在追求健康函数的利润;参加公益活动的志愿者们,热情洋溢地为他人服务,他们是在追求道义情感函数的利润。

"资本害怕没有利润或利润太少,就像自然界害怕真空一样。"马克思这句话说的是资本,一度被很多人误解。实际上,人类一旦有所追求,就会有产出的目标和要求,往往都会体现类似"害怕真空"的特征,即人们害怕自身追求的函数没有产出或者产出太少,同样像自然界害怕真空一样。"窈窕淑女,寤寐求之。求之不得,寤寐思服。悠哉悠哉,辗转反侧",因为对窈窕淑女求之不得而辗转反侧,这位男子是担心感情函数没有利润。"吾尝终日不食,终夜不寝,以思,无益,不如学也",孔夫子为了取得学问函数的利润,都到了不吃不睡的地步。

正是由于各个主体都在自己所追求的函数方面努力创造利润,才有了身体的健康、感情的收获、个人的成长、家庭的兴旺、社会的发展、人类的进步。相反,如果没有创造利润甚至持续亏损,那就意味着退步、衰弱、破败乃至灭亡,这不符合个体和组织的本能,不符合自然规律的设定。因此,我们可以说,不创造利润是不道德的。

二、不要热衷于利得

利润中有一项构成是直接计入当期利润的利得和损失,它反映的是企业非日常活动的经营业绩,是指应当计入当期损益、会导致所有者权益发生增减变动的、与所有者投入资本或者向所有者分配利润无关的经济利益流入(或流出)。简单来说就是,它不是通过日常经营活动产生的利润(或负利润),比如,农夫捡到一只撞树的兔子,学生考试遇到了前一天晚上偶然复习到的一道题。

任何理性的经济单位都应该追求通过日常活动赚取更多利润,利得只能是锦上添花，损失则应尽量避免。农夫的日常活动为田间耕种，为了获取更多的利润，他应该开垦更多的土地，对农作物进行更为精心的照顾，而不是荒废耕种，每天在树桩下等待撞树的野兔。当然，如果在耕作之余能够时常捡到野兔也是一件乐事，但这种概率极小，不可抱太大期望。

日常活动产生的利润等于收入减去费用，这意味着要赚取利润，就要不断取得收入，同时还要付出相应的代价。由于是日常活动，因此需要日复一日的努力，远不如利得带来的利润那样轻松。当一个经济单位疏于日常活动而热衷于利得时，就会出现类似"守株待兔"的侥幸行为，比如，不去工作，开始痴迷于买彩票。这种过于追求利得的做法不仅不可持续，还可能让自己丧失工作技能甚至违法犯罪。不过，如果能将利得进行培育并转化为日常收入，则另当别论。一个朋友多年前偶然投资了一家企业获利匪浅，自此与投资结缘，后来干脆辞去工作，走上了职业投资人的道路，如今做得风生水起。投资对他来说已经成了日常活动，投资收益不再是利得，而是收入。

有的企业为了获得账面利润，也常常会利用利得。例如，董事会对经理层下达了年度净利润指标，到了年底，总经理发现通过日常经营无法完成净利润指标，于是灵机一动，将厂区的几十株百年古树卖掉，一举完成了净利润指标，顺利拿到了年度绩效工资。

上市公司通过利得扭转亏损更是常见。近些年，非经常性损益占上市公司净利润的比例通常都在10%左右，不少上市公司都是通过利得助力扭亏为盈，常见方式包括以下几种：一是政府补助，有些地方政府甚至会配合上市公司做此类交易安排；二是投资收益，不同于正常情况下的投资收益，有的上市公司早早投资了各种金融产品，在公司亏损的时候通过操作投资收益来弥补亏损；三是出售股权，通过减持股票、股权扭亏为盈；四是售卖各类长期资产，比如卖房、卖地，甚至卖字画。

企业通过利得对利润进行粉饰，一般都有特定目的，属于权宜之计。正常情况下，若想获得持续健康发展，还是要依靠日常经营形成的利润。在看待一个经济单位的利润数据时，必须同时考察其质量，充分关注其风险性、持续性、稳定性和应对意外冲击的能力，严格区分收入和利得、费用和损失，以更加全面地了解其经营业绩。一个姑娘如果因为男方通过拆迁获取了几百万元补偿款就嫁过去，而不在意对方是无业游民，整天吃喝玩乐，这个家庭将来的经济状况极有可能会恶化，好日子也只会是昙花一现。

三、利润大家族

人们常说的"利润"一词，其实是笼统的说法。翻看企业的财务报表会发现，并没有一个完全对应的项目叫作"利润"，利润其实是个大家族，这个家族的成员包括毛利润、营业利润、利润总额、净利润、边际贡献等。

（一）毛利润

毛利润俗称毛利，是指营业收入和营业成本之间的差额。毛利润反映的是商品或服务经过一个经济单位加工转换之后增值的那一部分，增值越大，毛利润就越多，说明这个产品的附加值越大。比如，馒头的售价减去面粉、水等材料成本和蒸馒头师傅的工资后就是毛利润。毛利润的公式为：

毛利润=营业收入−营业成本

毛利润可以按单品、商品大类、行业、区域、经济组织等进行计算和考量。产品的毛利润与其科技含量、营销推广、品牌效应、技术工艺、生命周期、运营管理等均有关系，而个人所从事活动的毛利润则与其资源、平台、见识、经验、筹码、智商、情商、逆商等有着重要关联。比如，苹果公司的毛利润高于富士康，白酒企业的毛利润高于一般机械制造业企业，投行从业人员的毛利润高于建筑工人。

毛利润是非常重要的一种利润，只有取得足够多的毛利润，才有可能为费用开支留足空间，从而产生较高的营业利润。就像一间房子的空高足够高，在吊顶之后才可能有较高的空间。提升毛利润的关键在于提高售价和降低成本，如果产品售价因市场竞争而无调整的可能，那么降低成本就是唯一途径。一些黑心厂商在材料上大做文章，首先产生的结果就是提高了产品的毛利润。

高额毛利润很多时候并非来自精打细算，而是顺应事物发展的趋势。20世纪80年代的个体户、21世纪初的房地产企业、近20年的互联网行业都在时代的大势下获取了很高的毛利润。除了大的社会发展趋势，稳定的环境也会出现一些机会，只不过需要一定的运气和更好地把握机遇的能力。

在经济领域之外，高额毛利润很多时候来自对特定场景和事物规律的把握。我们在影视和文学作品中经常看到英雄救美后获得美人芳心的故事，对英雄来说，美人落难为他提供了获取超额毛利润的绝佳机会。现代人越来越注重养生，有一种子午流注养生法可以让人体与自然界的节律保持一致，从而保持身心的和谐，当人们按这个方法去安排饮食起居时，就会在健康方面获得更大的毛利润。在人际关系方面，聪明的人更善于雪中送炭，而不是锦上添花，因为雪中送炭能够在感情函数方面得到高额毛利润。很多成绩好的学生都更会安排时间，既能把学习安排好，还能参与很多其他活动，这其实就是在不同时点安排了毛利润产出更高的活动。

（二）营业利润

营业利润是企业从事生产经营活动取得的利润，是企业利润的主要来源。营业利润的公式为：

营业利润=营业收入-营业成本-税金及附加-销售费用-管理费用-财务费用-资产减值损失+公允价值变动收益（-公允价值变动损失）+投资收益（-投资损失）

其中，营业收入是指企业经营业务所实现的收入总额，包括主营业务收入和其他业务收入。营业成本是指企业经营业务所实现的实际成本总额，包括主营业务成本和其他业务成本。资产减值损失是指企业计提各项资产减值准备所形成的损失。公允价值变动收益或损失是指企业交易性金融资产等公允价值变动形成的应计入当期损益的利得或损失。投资收益或损失是指企业以各种方式对外投资所取得的收益或导致的损失。

营业利润的公式看起来相对复杂一些。由于公允价值变动损益和投资损益对一般企业来讲涉及较少，因此，我们可以把营业利润简化为毛利润减去税金及附加、三项期间费用及资产减值损失之差。一家馒头店的毛利润减去店铺租金、机器折旧费、人工工资后大致就得到营业利润。若想获取更多营业利润，期间费用的管理就非常重要，例如选择租金较低的店铺、对卖馒头的店员实行提成工资制等。

一家企业即使有着非常高的毛利润，也不代表一定有着同样高的营业利润，所以看到高额毛利润也要谨慎，医药公司就是典型案例。很多医药公司的毛利率都超过60%，但营业利润却不高，主要是因为三项期间费用中的销售费用太大。

在取得高额毛利润的基础上，若要得到高的营业利润，仍然需要苦心经营。英雄救美虽然俘获了美人的芳心，在爱情函数上取得了一笔非常高的毛利润，但如果在后续的交往中不用心，就可能收获不理想的爱情营业利润。一个人如果安排好作息，管理好情绪，就会得到较高的健康毛利润，但如果他不注意预防病毒或者根据天气变化增减衣服，以致出现资产减值损失，就难以得到健康方面的营业利润。

有时候，投资收益也是影响营业利润的重要因素。企业可以因为投资收益扭亏为盈，个人也可以因为投资收益一扫心中的阴霾。一位老太太穷苦了大半辈子，儿子娶媳妇和抱孙子是她一生中最开心的两个时刻，这是因为投资收益带给她的相对价值很大。

毛利润与营业利润之间的关系告诉我们，凡是我们追求更高产出的事情，都应该用心做好日常活动，不能因为有好的基础就随意挥霍。生产、生活、政治、经济等几乎所有方面都需要经营，所以就有了经营感情、经营家庭、经营人脉、经营身体、经营国家、经营环境等种种要求。

（三）利润总额

利润总额包括的内容有所增加，除了日常活动产生的营业利润外，还包括非日常活动带来的利得和损失。利润总额的公式为：

利润总额=营业利润+营业外收入-营业外支出

其中，营业外收入或支出是指企业发生的与日常活动无直接关系的各项利得或损失，前面讲到的撞树的兔子就属于营业外收入。

假如流浪狗偷吃了几个馒头，馒头店就会出现营业外支出，当日的利润总额就等于营业利润减去被偷吃的馒头的成本。一个人如果除了工资收入还中奖10万元，那么他当年的利润总额就应该包括这10万元。

一个主体在追求某个函数目标的时候，如果通过正常活动没有取得满意的营业利润，那么他还有机会通过利得来挽回局面。一般来讲，对自身经济状况不满意的人更喜欢买彩票，这是希望通过营业外收入这种利得来弥补日常活动创造的营业利润的不足。例如，一个学生平时学习不努力，临近考试却想考个好成绩，于是试图通过作弊来获取利得，以增加利润总额（总分数）。

利得和损失往往是相生相伴的，在试图通过利得去补充利润的时候，也可能遭受损失，俗语"偷鸡不成蚀把米"就是这个意思。很多遭受电信诈骗的人就是因为想要获取利得，反而被骗走钱财。

（四）净利润

利润总额并不能被经济单位全部拿到，还应拿出一部分所得税上缴国家，剩下的才是净利润。净利润的公式为：

净利润=利润总额-所得税费用

其中，所得税费用是指企业确认的应从当期利润总额中扣除的所得税。所得税是缴纳给国家的，在利润分配中，国家是不请自来的参与者。

在既定条件下，人们追求的是利润家族中的净利润，而不是其他利润，其他利润只是过程，不是结果。因此，所得税的高低也是一个经济单位重点关注的对象，企业关注企业所得税，个人则关注个人所得税。

税收具有强制性，国家从企业的利润中拿走一部分税收，主要是为了社会公共需要，从而创造更好的社会环境、经济环境、政治环境、安全环境等，让经济主体能够心无旁骛地追求经营目标。税收实际上是经济主体对周边环境的反哺。税收启发我们要考虑第三方利益和环境问题。一个主体在进行各种活动的时候,要考虑环境这个影响因素。

一个学生在教室大声朗读课文,这种行为对他来讲可能是一种好的学习方式,能够获得较多的学习利润,但却会影响环境,干扰其他同学,那必然会招致周围同学的反感和老师的批评,这种来自环境的负面反馈可以看作对他征收的税金,将削减他获得的学习利润。

《吕氏春秋》记载,根据鲁国法律,如果鲁国人在国外见到同胞沦落为奴隶,只要把这些人赎回来,就可以获得国家的补偿金。孔子的学生子贡把鲁国人从国外赎回来,但拒绝了国家的补偿金。孔子说:"子贡,你错了!向国家领取补偿金,不会损伤到你的品行;但不领取补偿金,鲁国就没有人再去赎回自己遇难的同胞了。"孔子的另一名学生子路救起一名溺水者,被救者为表示感谢,送了一头牛,子路收下了。孔子高兴地说:"鲁国人从此一定会勇于救落水者了。"孔子见微知著,深刻体察到了人的行为与环境的关系。

(五) 边际贡献

广义上讲,边际贡献也可以看作一种利润,它是产品销售收入减去变动成本后的差额。边际贡献的公式为:

边际贡献=销售收入-变动成本

单位边际贡献则是指一个单位产品的边际贡献,等于产品的售价减去单位变动成本。单位边际贡献的公式为:

单位边际贡献=售价-单位变动成本

以企业为例,边际贡献是产品扣除自身变动成本后给企业所做的贡献,它可以用来补偿固定成本,补偿固定成本后如果还有剩余则形成收益,若没有剩余则产生亏损。单位变动成本在一定区间内保持不变,只要产品售价大于单位变动成本,就可以补偿一些固定成本,从而在总体上增加企业盈利。如果一件产品的售价低于其变动成本,这样的产品生产得越多,亏损越大,若要继续生产,则应该有其他安排进行补偿。

近年来,很多互联网企业为占领市场,都以烧钱为基本开局套路,动辄几十亿甚至上百亿,这种情况下产品的边际贡献很低甚至为负。这类

"不划算"的投入往往是为了获取长期收益或者在其他方面变现，甚至可以通过特定的商业模式，改变传统的"羊毛出在羊身上"的规律，形成所谓的"羊毛出在狗身上，猪买单"。银行对小额账户收取管理费是由于银行从这类账户中获取的收入太低，甚至不足以弥补对其提供金融服务的变动成本，于是需要通过收取账户管理费来增加一点儿收入。

边际贡献对一个主体的行为有着深刻影响，在很多方面都有所体现。

四、肚子吃饱与边际贡献

吃饭要花钱，会形成一笔支出，产生一项费用。如果是企业负责员工餐，这笔吃饭的费用将计入职工福利费，如果是自己买单，吃饭的花费则形成生活费用。费用是在日常活动中形成的，常常与收入相匹配，吃饭的钱花了，产生了什么收入呢？吃饭产生的直接收入是我们生理上的满足感，是一种更广义的收入。开始进食时，生理满足感最强，随着食物不断进入肠胃，生理满足感达到一定程度后，再增加食物摄入则会让肠胃感到不适，出现一项新的"肠胃不适费用"，在这种情况下有些人会结束用餐，有些人会为了满足味蕾而继续摄入食物，直到肠胃发出强烈抗议方肯罢休。

讨论"为什么会吃饱"的前提是人们有条件吃饱，不存在吃不起饭的情况。在这个前提下，吃饭的费用主要是过饱后的肠胃不适，而收入则包括味蕾和身体的满足感。当我们吃进某一口饭菜时，通过味蕾获取收入，如果肠胃不适，这笔费用增加的数量与收入相当，我们就会停止进食，此时就会吃饱，也即是吃饭费用发生后，不能带来更多吃饭收入时，人们就吃饱了。

在考虑更多的条件时，仍然能够得到类似的结论。比如，可以在吃饭费用中加上金钱花费，在吃饭收入中加上营养摄取，当然也可以考虑其他因素，但不论如何，人们吃饱的那一刻，最后一口饭带来的收入与费用相当。

用财务术语来讲，当吃饭的单位边际贡献等于零的时候人们就吃饱了。在吃饭的场景下，单位收入是每吃一口饭菜带来的满足感，单位变动成本是每吃一口饭菜增加的费用。单位边际贡献强调，关注新增一个单位业务量（行为、决策）所带来的收入和费用，当新增一个单位业务量带来的收入与费用持平时，人们就不会有动力采取进一步行动。边际贡献思维在生活中很多方面都有体现。人们爬山爬到一定高度就不爬了，身体长到一定高度就不长了，外出游玩的人过一段时间就会想着回家，连续看几个小时电视就不想再看了，一份工作做久了会萌生离职的想法，甚至连知识的吸收也不是越多越好，庄子说"吾生也有涯，而知也无涯。以有涯随无涯，殆已"，这些都是边际贡献思维在起作用。

人们每天的生活都是由一个接一个的行为组成，而做出什么样的行为其实都是受边际贡献思维支配。当边际贡献大于零的时候，人们就会做这个行为，反之则不做。当同时出现几个边际贡献大于零的行为时，人们则会选择最大的来做。无论是日常生活琐碎，还是可歌可泣的英雄事迹，抑或是喜新厌旧这种行为特征，人们都是在使用边际贡献思维进行思考和决策，只是日用而不知。可以说，边际贡献思维是驱动人类行为的基本思维模型之一。

边际贡献大于零还是小于零对一项经济活动有着重要的意义。对于个人或某类资产来讲，其产生价值是从边际贡献大于零开始的。一个年轻人从学校毕业参加工作，如果工资收入能够覆盖日常开支，那么这个年轻人对家庭的边际贡献就大于零，普通工薪家庭的父母会因此有一种释负的感觉。相反，如果这个年轻人入不敷出，经常需要父母接济，则说明他的边际贡献小于零，对家庭是一种经济负担。将投资的一套房产出租出去，如果租金收入大于银行按揭贷款，从资金流上来讲，这个房产的边际贡献就大于零，它已经能够"养活"自己，投资者不用每月再投入资金，并且还能回收一部分资金。

很多经济活动的终止往往是从边际贡献小于零开始的。边际贡献小于零，意味着要为这项经济活动不断增加投入，如果没有更多资源，这项经济活动将难以为继；边际贡献大于零，则意味着这项经济活动已经能够实现基本的自给自足，不再是经济资源的"漏斗"，即使没有更多资源，这项经济活动也能够维持下去，并且将来可能迎来转机。

将边际贡献这一特征推广开来，会发现其他领域也是如此。比如，一个生命通过生存活动吸收的能量（收入）如果不够其维持日常生存的基本消耗（变动成本），这个生命将会走向衰亡；如果其吸收的能量大于其维持日常生存的基本消耗，这个生命就具备从事更广泛活动的可能，比如生长、跑、跳、学习技能、繁育后代等。

五、到底赚了没有

对利润的追求是趋利避害生存法则在经济活动中的体现，甚至可以说，动物的决策也依赖于对利润的判断。我们常看到钓鱼的场景，想象一下，那些吃饵料的鱼是亏了还是赚了呢？对于吃了饵料而没有上钩的鱼来讲，或许可以说是赚了，但对于吃了饵料上钩的鱼来讲，无疑是亏了。问题在于，鱼在吃饵料之前，怎么知道会不会被钓走呢？鱼在吃饵料之前，一般会对饵料进行反复试探，进行风险管理，在确定风险可控后才会吃掉饵料。即使这样，也仍然有很多鱼会被钓走。

在不考虑利得和损失的情况下，可以简单地认为利润等于收入减去费用。当收入和费用可以确认的时候，利润就是一个小学生也会计算的减法题。所以，计算利润的关键在于确认收入和费用。

为了避免企业有意或无意地算错账，会计核算有一项基本原则就是谨慎性原则，要求在会计核算过程中保持必要的谨慎，不能高估收入，也不能压低费用，对于可能发生的损失和费用，要进行合理估计。另外，《企业会计准则》对收入的确认也给出了一定的限制条件。收入该不该确认，费用需不需计提，会计们常常犯难，也会与审计师们争辩。

之所以给予利润如此多的关注，主要是由于它非常重要。它既是一个经济单位从事经营活动的目的，也是其经营成果的具体体现。在经营过程中，经营者会努力追求利润的实现和增大，一项交易或投资能不能做，往往取决于利润的多寡。

对于企业来讲,对利润的测算常常通过相应的原则和会计准则进行规范,但对个人等其他经济主体来讲,却常常是通过本能进行判断,并据此做出决策。一件事情决策错误,原因就是错估了收入和费用,造成最终的利润与预期不符。如果对收入和费用的估计发生了偏差,两者的减法计算再准确也是枉然。

吴起是战国时期著名的军事家,平时对将士们爱护有加。有个士兵长了恶性毒疮,吴起替他吸吮脓液。这个士兵的母亲听说后,放声大哭。有人说:"你儿子是个无名小卒,将军却亲自替他吸吮脓液,多荣幸啊,你怎么还哭呢?"那位母亲回答:"不是这样啊,以前吴将军替他父亲吸吮脓液,他父亲在战场上勇往直前,死在敌人手里。如今吴将军又给我儿子吸吮脓液,我不知道我儿子又会在什么时候死在什么地方,因此我才哭啊。"多数母亲听说将军替自己儿子吸吮脓液,都会认为将军体恤下属或者非常赏识自己的儿子,儿子获得了利润,做母亲的高兴还来不及,哪有哭的道理,但其实是忽略了背后的费用。显然,这位母亲对利润的计算更加全面、更加准确。

六、利润的分与留

利润是各个经济主体的财富来源,没有利润积累就不会实现财富积累和增值。在国民经济统计中,有项重要的指标叫作"工业增加值",这项指标有着与利润近似的含义。企业对利润的追求自不必说,个人也有计算每年能存多少钱的习惯,每年存的钱就是个人的当年利润。

通常来讲,利润属于经济主体的所有者。企业的利润属于投资者,个人的利润属于个人和家庭。有些企业的投资者是能够明确区分和清晰界定利润的。张三和李四投资了一家咨询公司,那么张三和李四就是投资者,咨询公司赚取的利润就属于张三和李四。但有些企业的投资者却不容易辨认,国有企业的最终投资者理论上是全体公民,每个人都是投资者,但行使投资者权利的往往是国有资产管理部门、国有投资公司等,个人并不能直接感受到国有企业中有一部分利润属于自己,而且也不能做任何支配,当然更不能用这部分利润交学费、买房子。

投资者关于利润的权利是否完整,直接影响到投资者对企业的态度和关注度。一家民营企业的投资者会非常关心企业的经营情况,而作为国有企业最终投资者的全体公民对企业的经营状况则不会那么关心。

企业的利润有两个使用途径,一个是留存在企业用于后续经营,另一个则是作为红利分配给投资者。投资者的权利行使情况、企业性质等都会影响到利润的使用安排,现实中利润是留存还是分配一般是由投资者或其代理人决定。但多数企业的投资者往往不止一方,各方对利润是否分配以及分配多少会有不同意见,谁来决定利润的处理方式呢?这就涉及表决权的设定问题。

对于人合性质的企业,如合伙企业,投资者对利润的分配有合伙协议约定、协商、按出资比例、平均分配等多种形式。对于兼具人合性质及资合性质的有限责任公司,则由股东会决定,《中华人民共和国公司法》(简称《公司法》)第六十五条规定,股东会会议由股东按照出资比例行使表决权;但是,公司章程另有规定的除外。对于资合性质的股份有限公司,利润分配事项同样由股东会决定,《公司法》第一百一十六条规定,股东出席股东会会议,所持每一股份有一表决权。这意味着有限责任公司和股份有限公司虽然都由公司股东会决定是否分配利润,但《公司法》对投资者表决权的设定有所不同,股份有限公司只能同股同权,有限责任公司则可以由公司章程另行约定表决权比例。也就是说,在有限责任公司,一个持股比例只有1%的投资者也可以通过公司章程约定决定是否分配利润,而股份有限公司则不行。

一般情况下,理论上夫妻双方对家庭收益的使用都有50%的表决权,但有时候也会出现丈夫或妻子拥有更大表决权的情况,在生活中就表现为大件物品的开支谁说了算。这种情况就类似于有限责任公司股权的表决权,由于多种影响因素,出现了同股不同权。

有位朋友前几年看到一家建筑装饰公司生意红火,于是投了一笔钱成为该公司的股东，希望每年可以分得一些红利用于生活开支。资金投进去后，公司的生意一如既往红火，每年利润也不错，但大股东认为公司正处于发展期，应该把所有利润都用于扩大规模。几年过去了，公司一次红利也未分配。这与朋友当初的设想完全不符，同时资金还被占用，流动性大打折扣。后来，朋友经过多次沟通，让大股东同意他退出公司股份，只是在股份价格上象征性地考虑了一些利润，远低于当初的预期。

现实中这种情况很常见，都是对利润分配事项没有事先安排，结果往往不能实现自己的投资初衷。因此，清晰的分配规则非常重要，所谓"先说断，后不乱"。但是，如果在分配规则的制定上花费太多时间和精力，可能就会错失良机，再清晰的分配规则也失去了意义。就像"兄弟争雁"中的两兄弟，在大雁尚未射取之时对大雁的吃法争论不休，直至请教社伯之后才得到了双方满意的吃法（一半煮着吃，一半烤着吃），但此时大雁早已飞远。

由于牵涉利益较多，利润分配是个重要且复杂的问题。投资者在企业中的收益来自分红和资本利得两个方面，利润分配的核心在于当期分红收益与未来资本利得之间的权衡，也就是短期和长期的权衡。当期支付的红利较高，用于企业发展的留存资金就会减少，未来的资本利得可能降低；当期支付的红利较低，则用于企业发展的留存资金就会增加，未来的资本利得有可能提高。

股东对利润分配的观点差异可能来自其对未来的判断和自身的财务状况，也可能来自在企业中的不同决策地位。利润留存在企业虽然有可能带来更多远期收益，但企业在经营过程中存在很多不确定因素，有些投资者会认为眼前的现金红利比未来的资本利得更为可靠，所谓"两鸟在林，不如一鸟在手"。对于平时收入较少的投资者来讲，及时的利润分配可以补充日常开支或其他花销。另外，很多企业都存在控制权集中在一个或少数大股东手里的情况，企业的管理层也往往由大股东或大股东委派的人员组成，所有权集中使控股股东有可能通过各种手段侵害小股东的利益。对大股东来讲，利润一旦分配到投资者手中，则不再由自己支配，如果留在企业，则有机会进行各种操作，因此往往不愿意分配太多利润，中国很多上市公司都有类似情况。

  一个家庭中,家庭成员对财富的当期花费可以看作分红,而让财富增值则可以看作追求未来的资本利得。由于家庭成员的性格、观念、利益点、知识、经验、财富贡献度等存在差异,在当期花费还是远期利得的配置上会有不同意见,也会产生各种矛盾和冲突。

第 6 章

资产：希望的源泉

一、认识资产

（一）何为资产

《企业会计准则》对资产的定义是：企业过去的交易或者事项形成的、由企业拥有或者控制的、预期会给企业带来经济利益的资源。据此，资产具有以下几个特征：

1. 资产预期会给企业带来经济利益

资产预期会给企业带来经济利益是指资产直接或者间接导致现金和现金等价物流入企业的潜力。预期会给企业带来经济利益是资产的重要特征。例如，沃尔玛采购的商品可以用于对外销售，对外销售后收回货款即为企业所获得的经济利益。除了采购商品以外，沃尔玛还需要采购货架、运输车辆、办公设备，这类物品虽然不是用于直接对外销售，却能够为销售货物提供辅助，是商品正常销售不可或缺的一部分，商品的销售回款也有它们贡献的价值，同样属于资产。

2. 资产应为企业拥有或者控制的资源

资产作为一项资源，应当由企业拥有或者控制，具体是指企业享有某项资源的所有权，或者虽然不享有某项资源的所有权，但该资源能够被企业控制，这意味着企业的资产并不完全跟所有权相对应。如果企业既不拥有也不控制资产所能带来的经济利益，就不能将其作为企业的资产予以确认。

在融资租赁交易中，出租人将一条生产线出租给承租人，尽管生产线的所有权属于出租人，但承租人对该项资产进行了控制，几乎能享受这条生产线带来的全部经济利益，因此承租人应该把这条生产线作为资产。出租人尽管有着生产线名义上的所有权，但生产线未来产生的经济利益流入已经基本不受自己控制，因此不能作为自身资产。

3. 资产是由企业过去的交易或者事项形成的

资产应当由企业过去的交易或者事项形成，企业过去的交易或者事项包括购买、生产、建造行为或其他交易或者事项。只有过去的交易或者事项才能形成资产，企业预期在未来发生的交易或者事项不形成资产。

家具厂有购买一批木板的意愿或者计划，即使已经签订了合同，但只要购买行为尚未发生，就不符合资产的定义，不能因此确认为存货资产。

不具备上述三个特征则不能确认为资产，已经确认为资产的项目，如果已不再符合这三个特征，也不能再确认为企业的资产。比如，企业购买的原材料由于被雨水淋湿，已经完全失去使用和对外出售的价值，那么这批材料就不能再为企业带来经济利益流入，不能再认为是企业的资产，而应该变为损失，成为营业外支出。

（二）资产的确认条件

具备资产的特征只是必要条件，若想将一项资源确认为资产，同时还要满足以下两个条件：

1. 与该资源有关的经济利益很可能流入企业

能带来经济利益是资产的一个本质特征，但在现实生活中，由于经济环境瞬息万变，与资源有关的经济利益能否流入企业或者能够流入多少实际上带有不确定性。因此，资产的确认还应与经济利益流入的不确定性程度的判断结合起来。如果在某一时点根据所取得的证据，判断与资源相关的经济利益很可能流入企业，那么就应当将其作为资产予以确认，否则就不能确认为资产。

例如，某餐馆老板起诉当地街道工作人员过去几年在该餐馆消费并欠下了5万多元，但事情过去多年一直未偿还。对该餐馆来讲，客人消费后未立即买单会形成应收账款这样一项资产，但如果发生当时就预计该笔账款将来很难收回，则不能确认为资产，而应直接计入损失。

2. 该资源的成本或者价值能够可靠计量

会计系统是一个确认、计量和报告的系统，计量起着枢纽作用，可计量性是所有会计要素确认的重要前提，资产的确认也是如此。只有当有关资源的成本或者价值能够可靠计量时，资产才能予以确认。

一般来讲，企业取得的许多资产都是发生了实际成本的。例如，企业的原材料、厂房、机器设备只要实际发生的购买成本或者生产成本能够可靠计量，就视为符合资产确认的可计量条件。但在某些情况下，企业取得的资产没有发生实际成本或者发生的实际成本很小，也可能被认为符合资产确认的可计量条件，例如，企业接受捐赠的一些物品，如果其价值可以按一定方法可靠计量，也应确认为资产。对企业会计来讲，资产的可计量性非常重要，如果不可计量，企业则无法将它记录到账簿上。

在企业经营过程中，很多资源都满足资产的三项特征，但往往不具备能够用货币表示的可计量条件。优秀的员工、良好的位置、优质的渠道、大量的会员，都无法用精确的货币金额进行衡量，从会计上来讲，这些都不是资产，但从经营管理的角度来看，这些都可以看作企业的资产。毫无疑问，腾讯公司数以十亿计的用户是其非常宝贵的资源。

对于个人、团队、非正式组织、地区、国家等主体来讲，不受《企业会计准则》约束，为了更好地分析问题，把握实质，可以把资产的可计量条件放宽，从更广义的层面来看待资产。人们通常所讲的资源可以近似地看作资产。

二、收入之母

资产的第一个特征就是预期会给企业带来经济利益，而经济利益则首先体现为收入，进而转化为利润。财务分析中有项重要指标叫作"资产收益率"，它等于净利润与总资产之比，用以考量资产创造收益的水平和能力。从会计上来看，企业之所以会出现收入，就是因为资产的存在（由于会计学科的局限性，很多能够影响收入的资源并未记录为资产，在广义上，也可以把这些资源看作资产）。如果收入是一株树苗，那么资产就是其扎根的土壤。

资产作为收入之母又是如何形成的呢？资产是由企业过去的交易或者事项形成的，企业过去的交易或者事项包括购买、生产、建造行为或其他交易或者事项。既然资产是通过购买、生产等方式形成，购买和生产都会有一定的支出，会带来经济利益的流出，那么资产和费用有什么区别呢？

资产和费用的区别在于：资产属于资本化支出，是能够带来经济利益流入的资源，惠及将来，从形态来看属于静态的会计要素，就像一片土地静止不动，却有生养万物的功能；而费用是收益性支出，是日常活动中发生的经济利益流出，计入当期损益，从形态来看属于动态的会计要素，发生时就像盆里的水泼出，不复存在。

一个女孩为了让自己看起来更漂亮，于是去割了双眼皮，由于双眼皮带来的好处及于未来，因此这笔支出我们可以认为是资本化支出，形成了一项资产。如果这个女孩只是用双眼皮贴让眼睛看起来更好看，由于双眼皮贴的作用时间很短，因此购买双眼皮贴的支出我们可以认为是费用化支出，形成了一笔费用。不过，如果割双眼皮手术失败，就会使眼睛看起来更丑，这就不是形成资产，而是产生损失。

资产以收入之母的角色使经济利益在未来流入，但在带来经济利益流入的同时也会形成消耗，产生费用，就像随着植物生长，土壤的营养和水分会流失，母亲抚养孩子会耗费大量的心血和钱财。一台计算机在购入时形成资产，假如它的使用寿命是 5 年，在这 5 年的使用过程中，计算机会给企业带来经济利益，但同时也会发生折旧，产生费用。公司向神州专车预充值 1 万元，这 1 万元会使企业在未来受益，因此是一项资产，会计上记为预付账款。假如充值当天公司的员工使用神州专车消费了 500 元，那么公司的资产就会减少 500 元，产生 500 元费用。资产在创造收入的过程中往往伴随着消耗，只不过不同类型的资产消耗速度有所不同，一笔现金在支付了当月房租后立即变成费用，一台计算机大致使用 5 年后就应该更换，而一幢建筑物的价值可能持续 50 年以上。

资产的本质特征就是创造收入，即预期能够带来经济利益流入，这是识别资产的最主要标志。需要注意的是，资产创造收入的特征可能不是在当下立即体现，而是在未来产生。人们通过按揭购买一套房产，每月需要向银行还本付息，在持有这套房产的时间里，它不但没有带来经济利益流入，还在持续不断地使经济利益流出，那么，这套房产是不是资产呢？当然是！如果我们将这套房产出售，将会带来经济利益流入，这就是所谓的"预期能够带来经济利益流入"。

三、资产大盘点

收入为资产所生，若想获取收入，先要拥有资产。资产所在，即是收入所在。一个经济单位获得收入要从盘点自身的资产开始，资产盘点清楚之后，就知道可能的收入来源在哪里。

企业的资产存在形式主要包括：货币资金、应收及预付款项、交易性金融资产、存货、固定资产、投资性房地产、使用权资产、长期股权投资、无形资产、持有至到期投资、可供出售金融资产等。

根据流动性强弱，资产可分为流动资产和非流动资产。流动资产是指预计在一个正常营业周期中变现、出售或耗用，或者主要为交易目的而持有，或者预计在资产负债表日起一年内（含一年）变现的资产，或者自资产负债表日起一年内（含一年）交换其他资产或清偿负债的能力不受限制的现金或现金等价物。非流动资产是指流动资产以外的资产。

《企业会计准则》中资产特征的三个关键词是经济利益、资源、可计量。由于会计技术本身的限制，现行会计准则认定的资产并不全面，很多有价值的东西往往满足前两个特征，但却存在计量困难的问题，因此没有在账簿中列为资产。比如，一家企业有大量的客源，这些客源对企业非常重要，但由于不能计量，在会计上就不能确认为资产；对于淘宝平台来说，流量是其最大的资源，同样由于不可计量，在会计上也不能记录为资产。

"资源"一词有以下两种解释：①一国或一定地区内拥有的物力、财力、人力等各种物质要素的总称。分为自然资源和社会资源两大类，前者如阳光、空气、水、土地、森林、草原、动物、矿藏等，后者包括人力资源、信息资源以及劳动创造的各种物质财富。②计算机系统中的硬件和软件的总称。如存储器、中央处理器、输入和输出设备、数据库、各种系统程序等。

资产的本质是拥有或控制的预期能够带来经济利益的资源，可计量仅仅是出于会计处理的需要，符合资产本质特征的资源远大于现在会计上认定的资产。

资源是一切商业活动的基础，没有资源，就不会有商业活动。在商业活动中，参与者会赋予资源极大的价值，在商业合作的时候首先会考虑自身和对方各有什么资源。可以说，资源意识已然深入商业活动参与者的骨髓，这些资源包括行业、地位、人脉、信息等。

在现实生活中，人们一般不太执着于可计量性，并且使用"资源"一词时所指的内容往往大于字典里定义的范畴。我们常听人说，某某有很多资源，言外之意已经把这些资源看作资产，虽然这些资源具体值多少钱并不能确定。

对于中东一些国家来讲，石油资源是它们的重要资产；对于南美一些国家来讲，矿产资源是它们的重要资产；对于美国来讲，作为国际货币的美元的铸币权是它的重要资产。类似于国家和地区，不同企业也有着不同的重要资产。一些建筑企业的重要资产是建造能力，而不是会计上记录的那些资产。万达集团最近几年从重资产向轻资产转型，对商场的运营能力就是它的重要资产。华为公司的重要资产则是它的技术和创新能力。

在商业活动之外，资产更是随处可见。

人们拥有的资源是资产，比如财产、容貌、健康、时间、精力、知识、技能、经验、智力、家人、朋友、人脉、名誉、信心、有利位置等。这些资源是人们所拥有的，在一定程度上可以自由安排使用，并能够给自己带来利益。人们拥有资产的数量相差很大，唯一公平的资源或许是时间，对任何人来讲，时间每天都是 24 小时。不过，医学技术的发展，已经可以在一定程度上影响人的寿命，但并不是每个人都能享受最新的医疗技术，唯一公平的资源也变得不公平起来。

对于很多资产，人们早已认识到它们的价值，并形成了一些共识，只不过没有从财务思维的角度做系统的观察和思考，比如"郎才女貌""身体是革命的本钱""近水楼台先得月""信心比黄金更重要"。同时，对于一些资产的失去，人们也发出了"最是人间留不住，朱颜辞镜花辞树"这样的哀叹。

除了拥有的资源，人们能够控制的资源也是资产。曹操挟天子以令诸侯，天下名为刘姓，实为曹姓，可以认为天下的资源已经成了曹操的资产。一个小伙子娶了一个富家女孩，女孩有10套婚前房产，只要两个人正常生活，女孩婚前的财产就可以看作这个小伙子的资产，因为小伙子基本上能够控制这些资源。

资产是个好东西，人们通常都希望资产多多益善，很多人也倾向于对外展示自己丰厚的资产。除了金钱方面的炫耀外，美丽的容颜、子女的孝顺、消息的灵通、健康的身体，都成为炫耀的对象。

四、资产尽其用

资产作为收入之母，若想产生收入，就要利用起来。

中国人对资源的利用向来比较充分。以吃鸭子为例，中国人不但吃鸭肉，还吃鸭脚、鸭翅、鸭脖、鸭头、鸭血、鸭内脏，鸭毛被用来做被子和衣服，整只鸭子几乎没有浪费，以"绝味鸭脖"为招牌的绝味食品在2017年登陆A股市场。

闲置资产只是具备了产生收入的潜力和可能，并不能真正创造收入。一块深埋地下的黄金，如果不挖出来，它就不是资产。一家企业仓库常年堆积的原材料，很久不用的厂房、机器设备，虽然还是资产，却是处于闲置状态的资产。

资产之所以被闲置，可能是主人并不知道自己有这样的一项资产，"捧着金碗去要饭"就是这种情况，明明自己手里有一个金碗，却把它当作普通的碗看待。资产闲置的另外一种可能是缺乏对资产价值的认识，对资产创造收入的特征认知不够，没有意识到自己闲置了资源实在可惜。比如，有人说穷人的时间不值钱，所以用大把时间打游戏、看电视、打麻将，荒废时光，而实际情况是时间是一项宝贵的资产，应该更加珍惜和有效利用。

假如一个家庭一方面是退休且身体健康的老人每天无所事事，闲得发慌，另一方面是年轻人辛苦工作，疲于奔命，收入也只是勉勉强强，却以"孝顺"或者"不啃老"之名雇佣保姆照看孩子，使得经济状况更差，这就属于家庭人力资产闲置，未有效使用。老人表面上获得了清闲，但对他们未必是好事，所谓"闲来生是非"。同时，年轻人身心负担过重，容易出现问题，最终还是会传导到整个家庭的所有成员。我们平时拎东西有这样的体会，一只手拎久了酸痛难耐，于是换一只手继续拎，把之前闲着的手也用起来，人就没有那么疲惫了。

识别出拥有的资产并让它不再闲置是资产产生收入的前提，做到这一步，资产就会带来经济利益流入，但并不代表能够带来最大可能的经济利益流入。将资产的潜力充分挖掘，产生更多的收入，关键在于人尽其才、物尽其用。

庄子的《逍遥游》中有这样一个故事：有个宋国人善于制造防止手冻裂的药物，他家世世代代都以漂洗丝絮为业。一个客人听说了这种药物，愿意出百金购买他的药方。这个宋国人召集全家商议："我们家世世代代漂洗丝絮，只得到很少的钱，现在一旦卖出这个药方就可以获得百金，就卖了吧！"这个客人得到药方，便去游说吴王。这时越国发兵侵犯吴国，吴王就派他去带兵攻打越国。时值冬日，水战中吴国士兵的手没有皲裂，打败了越人，于是吴王割地封赏了他。

同样一个防止手冻裂的药方，有人因此得到封赏，有人却只是用它在漂洗丝絮时保护手，这就是资产使用方法的不同。在宋国人手里，防止手冻裂的药方并未闲置，也发挥了一定的作用，但是潜力被埋没；在买家手里，药方的作用得以更大发挥，无疑是最大限度利用。

庄子讲的故事看似遥远，但在现实中何尝不是这样。很多人将手里的钱以银行活期存款的形式赚取利息，这些存款到了银行手里变成贷款发放出去，银行的借款人又将这些资产变为增值更多的机器设备等其他资产形态。同样一笔钱，在储户、银行、借款人手里发挥了不同的作用。

"良禽择木而栖，贤臣择主而事"中的"良禽""贤臣"，就是在对自身的资产寻求更好的使用；现代社会中的职业选择、投资、合作等活动其实也是在对自身的资源进行优化配置。政府常做的各类规划，如五年发展规划、区域发展规划、产业发展规划等，是政府在对其掌握的资产进行配置，以期得到更好的收入。

重新配置之后资产并没有消失，而是转化为另外一种形式。我们将现金存入银行，现金资产消失了，却多出了银行存款资产。常见到房产中介发这样的文案，"遇到喜欢的房子就把它买下来吧，其实钱并没有消失，只是换种方式陪伴你"；销售养生产品的微商文案则变成"买了××产品，钱并没有消失，它只是变成健康陪伴你"。这些话虽然是商家的宣传，却暗含了资产转换和配置的财务思维。与此类似，如果我们用金钱购买了某种物品，只要这种物品以资产形式存在，资产就没有消失，它只是换了一种形式而已。关键在于，转换后的资产能够带来更大的价值才是值得的。

由于不同资产创造收入的能力不同，资产形态之间通过相互转化就有提高收益的可能。在启用闲置资产的时候，要避免变成损失浪费，尽量形成资产或以费用消耗的方式创造收入；在形成资产的时候，要配置更多资源在收入创造能力更高的资产上，将好钢用在刀刃上。比如，在饥荒年代，食物有限，一般是家庭中的劳动力尽量多吃一点，非劳动力能够维持生存即可。

对于不能转化存在形态的资产，则应把它放到合适的位置上，让牛耕田、让马拉车、让鸡报晓，而不能把它们的位置打乱。位置打乱后虽然资产并没有闲置，却降低了每项资产创造收入的能力。

总之，资产创造更多收入的奥秘在于物尽其用。物尽其用的第一步是识别自身拥有的资产，第二步是消除闲置资产，第三步是让资产以收入创造能力更强的形式发挥效用。

五、效率是关键

人们掌握资产的目的，是让它产生收入。其实，只产生收入还不行，为了更加充分地利用资产，在竞争中获取有利地位，还需要使资产更快地产生收入。从某种意义上来讲，资产利用的原则就是在不损害其长期价值的情况下，让它更快地带来经济利益流入。

为了考察一家企业的资产获利能力，财务上有项分析指标叫作"资产周转率"，它反映的是企业资产的管理质量和利用效率，体现了企业资产从投入到产出的流转速度，或者说是资产创造收入的快慢。资产周转率的公式是：

资产周转率＝收入÷资产

公式中的收入是指营业收入，可以是企业一个经营期间（比如一年）的营业额。资产则可以有不同的口径，如果考察所有资产的周转速度，它就等于资产总额；如果只是考察部分资产的周转速度，它就等于考察对象的金额，比如应收账款、存货、机器设备、厂房、流动资产、非流动资产等。

一般情况下，资产周转率越高，表明资产周转速度越快，资产利用效率越高，也就是说，资产在同样的时间内产出了更多的收入，创造收入的速度更快。观察企业以前年度和本年度的资产周转率可以看出企业资产运营效率的变化趋势。而对比同类企业的资产周转率，则可以横向比较，发现企业之间的资产利用效率差距。

资产是收入之母，人们都期望它能更多更快地创造收入。就像在土地上种植农作物，人们希望它在一年内能够产出更多，并为此不断努力。我国历史上农业耕作从一年一熟向一年两熟的过渡大约发生在宋代，这在农业耕作制度史上具有革命性意义。地理知识告诉我们，秦岭—淮河以南是一年两熟或三熟，秦岭—淮河以北是两年三熟或一年一熟。从财务的视角来看，这就是土地资产衍生农作物收入的速度不同。

人类在经济活动以及具有投入产出特征的其他活动中，"快"都具有重要的意义。因为"快"意味着效率更高，意味着在同样的时间单位内产出更多。平时我们说做事情要讲效率，就是希望将各类资产（时间、精力、人力、金钱等）投入一件事情后，能够尽快地产出结果，获取收入。人们在炒股时希望股价每天都涨，这是在追求金钱资产的产出速度；收拾房间时希望能手脚麻利地完成，这是在追求体力资产的产出速度；学习技能时希望能在短时间内掌握，这是在追求精力资产的产出速度；参加考试时希望能尽快做完题以便留出时间检查，这是在追求智力资产的产出速度；休闲娱乐时希望尽量专注和沉浸其中，这样可以使大脑分泌更多的多巴胺，以更快的速度产出快乐……国家治理、地方管理、企业经营、个人生活，到处都是这样的例子。

生活常识和生存本能让人们知道应该在一些事情上提高效率，但往往不能从类似企业经营的视角用财务思维来看待背后的原理，不能理解这样做的目的和意义所在，于是在真正做的时候往往就有了很大的随意性和所谓的顺其自然的态度。我们再来看相反的一面，拖沓、懒散、做事情不专注、讨论问题不聚焦、日子得过且过，这都意味着没有把自身的资产潜能调动起来，资产没有得到充分利用，存在着资源浪费。

一个经济主体在经济和价值上的提升有两种体现，一是今天比昨天更好，二是对同行、同类等周边事物的追赶和超越。实现这种提升的主要手段就是让资产得到充分利用。李嘉诚等企业家孜孜不倦地工作、奥运冠军刻苦训练、普通百姓辛勤劳作，都是在践行这种财务理念。

需要说明的是，在用资产周转率考察企业的资产运营效率时，其实蕴含了一个假设：企业的资产当下是什么样的运营效率，以后还会按照这样的效率持续下去，即资产创造收入的速度不是一时的，而是能够保持的。我们在追求各类资产的收入创造速度时，应注意其持续性，如果用百米赛跑的方式跑马拉松是肯定会出问题的。

六、资产需要呵护

资产利用的原则是让它更快地带来经济利益流入，但前提是不能损害资产的长期价值，避免涸泽而渔。为了让资产能够根据其特征更好地发挥创造收入的功能，对资产的呵护必不可少。

流动资产的周转速度快，变现能力强，做好日常管理有利于保证企业生产经营活动顺利进行，提高流动资金的利用效率。

对于库存现金，企业一般都会建立现金管理制度，一方面要求正确进行现金收支核算，另一方面还要监督现金使用的合法性与合理性。国务院发布了《现金管理暂行条例》，对现金使用范围、现金限额、现金收支等做出规定。为了保证现金资产的安全完整，企业要对现金进行定期或不定期清查，实地盘点现金，编制现金盘点报告单，及时处理现金短缺或溢余的问题。对于挪用现金、白条顶库的现象也要及时纠正。

对于银行存款和其他货币资金，除了执行银行结算制度外，企业还要制定专门的管理办法，对银行账户的开立、变更、销户，银行档案资料和物品的保管，银行对账，银行账簿登记以及其他一些事项做出规定。

在应收账款产生之前，企业要制定相应的信用政策。比如，根据客户的品质、能力、资本、抵押、条件构成的5C系统来建立信用标准，对客户进行评价分类，给予不同的信用期间和折扣政策。应收账款产生之后，还要对应收账款的回收情况进行监督，对坏账损失做好事先评估和准备，针对各种不同的过期账款采取不同的催收方式。比如，对过期较短的客户，不过多打扰，以免失去这部分市场；对过期稍长的客户，发送措辞委婉的催收函；对过期较长的客户，频繁发函催收并电话催询；对过期很长的客户，发送措辞严厉的律师函，必要时提起诉讼或者仲裁。

对于存货，则要在岗位授权分工、采购及验收、库存保管、领用与发放、存货核算、盘点处置、检查监督等方面制定相应规定，确保存货能够满足生产经营需要，并在经济上实现合理节约。

与流动资产类似，长期资产也需要呵护。比如，固定资产的日常维护、定期的大检大修，无形资产专利申请以及后续迭代升级，长期股权投资的股权管理等都属于此类。除了账面记载的资产，企业还要对能够带来经济利益流入的其他资产进行呵护，比如，商业中形成的各种合作关系，员工的福利和职业发展，客户感受到的价值等。

企业的任意一类资产一般都有相应的管理制度。企业对资产设定各类管理制度一般是出于经济性和安全性两个方面的考虑。经济性是指以合理的代价持有资产，并努力使其发挥出预期效益；安全性首先是指资产本身安全，资产价值不受损失，同时还要保证生产经营正常进行，生产经营活动安全。通过这些资产维护活动，资产能够持续地发挥更长久的作用，带来更多的经济利益。

个人持有的资产同样需要呵护。有资料显示，三国时期的司马懿特别爱惜自己的身体。在当时庙堂内外斗争激烈、风云诡谲的历史环境下，司马懿从不透支身体，该吃则吃，该睡则睡，所以他的身体一直非常好，活到了73岁。司马懿从时间上战胜了一代雄主曹操（66岁）、一代贤相诸葛亮（54岁）、曹魏的开国皇帝曹丕（40岁），最后实现三国归晋。这就是身体资产呵护与否的差异。现代人生活压力大，节奏快，经常出现社会精英英年早逝的例子，一方面令人感到惋惜，另一方面他们没有呵护好身体健康这一宝贵资产。尽管他们在有生之年产出非常快，但由于生命的长度有限，产出总量就大打折扣。

身体资产的呵护在于饮食起居符合自然规律，身体一旦出现问题，就会出现"零件很贵而且难配"的困难；智慧资产的呵护在于读万卷书、行万里路和阅人无数，否则就会很快落伍；家庭关系资产的呵护在于沟通和理解，家和万事兴就是家庭关系资产呵护良好的结果；至于房产、车辆、家具等有形物品的呵护需求更是显而易见。

企业如此，个人如此，国家、地区等主体都需要对资产持续呵护，否则，资产作为收入之母的功能发挥和价值就会受到影响，最后收益也会受到牵连。

第7章

负债：迟早都要还

一、认识负债

先看一段对话。

老张：老王，你现在有 5 套住房、10 个门面，好有钱啊！

老王：兄弟，我的钱都是从银行借的啊！

老张：借的？但那些房产都是你的呀！

老王：嗯，房产证上是我的名字，但确实很多钱是借的啊！

老王有 5 套住房、10 个门面，却说钱是从银行借的；银行的借款明明是负债，怎么成了他持有的房屋资产呢？假设老王从银行借款 100 万元，于是对银行产生了负债，同时，这笔钱进入了老王的银行账户或者老王用来购置了其他财产，结果就形成了老王的资产。从这 100 万元的来源来讲，是负债；从这 100 万元目前的状态来讲，则是形成了资产。其实，在这个情境中，资产与负债是一体两面，负债是资产的来源，资产是负债的存在形式。

（一）何为负债

负债是指企业过去的交易或者事项形成的、预期会导致经济利益流出企业的现时义务。负债具有以下特征：

1. 负债是企业承担的现时义务

负债必须是企业承担的现时义务，这是负债的一个基本特征。现时义务是指企业在现行条件下已承担的义务。未来发生的交易或者事项形成的义务，不属于现时义务，不应当确认为负债。

现时义务可以是法定义务，也可以是推定义务。其中，法定义务是指具有约束力的合同或者法律法规规定的义务，通常在法律意义上需要强制执行。例如，企业购买一批钢材形成的应付款项、向银行筹资形成的借款、按照法律规定应缴纳的税款等，均属于企业承担的法定义务，需要依法予以偿还。推定义务是指根据企业多年来的习惯做法、公开的承诺或者公开宣布的政策而导致企业将承担的责任,这也使有关各方形成了企业将履行相应责任的合理预期。例如,小米公司对售出的手机提供一年内的保修服务,预期提供的保修服务就属于推定义务,应当确认为一项负债。

子女出生后,父母负有养育的责任,这个把子女抚养成人的责任就是法定义务。子女成人后,父母还需承担一定的推定义务,比如按照一些农村的风俗,父母需要为儿子在县城准备一套婚房,这可以看作推定义务。

推定义务虽然不像法定义务那样具有强制性,但有时候负债的额度可能比法定义务还要大。在一些农村地区,父母会把给儿子买房和娶媳妇作为人生的主要奋斗目标,当这两件事完成后,他们会喜笑颜开地跟别人讲:"完成任务了。"

法定义务和推定义务都是一项现时义务,企业已经承担这项义务。假如某人觉得小米公司的保修承诺很有吸引力,计划半年后购买一款小米手机,对于小米公司来讲,由于此人尚未购买手机,小米公司现时没有承担这项保修义务,目前就不属于它的负债。

2. 负债预期会导致经济利益流出企业

预期会导致经济利益流出企业是负债的一个本质特征,只有在企业履行义务时会导致经济利益流出企业才符合负债的定义。在履行现时义务清偿负债时,导致经济利益流出企业的形式多种多样,比如用现金偿还,以实物资产的形式偿还,以提供劳务的形式偿还,以部分转移资产、部分提供劳务的形式偿还,将负债转化为资本等。

在旧社会,为了偿还负债,除了物质的方式外,穷人可能还会被逼卖儿卖女。在当代社会,个人偿还债务的形式多种多样。中国人推崇礼尚往来,"礼尚往来"这个词就隐含了感情债的不断发生与偿还。

3. 负债是由企业过去的交易或者事项形成的

负债应当由企业过去的交易或者事项形成。换句话说,只有过去的交易或者事项才形成负债,企业将在未来做出的承诺、签订的合同等交易或者事项,不形成现在的负债。唐代诗人罗隐在《自遣》中写道,"今朝有酒今朝醉,明日愁来明日愁",就是告诫人们不要为尚未形成的负债而忧心。

（二）负债的确认条件

将一项义务确认为负债，既需要符合负债的定义，还需要同时满足以下两个条件：

1. 与该义务有关的经济利益很可能流出企业

从负债的定义可以看到，预期会导致经济利益流出企业是负债的一个本质特征。在实务中，履行义务所需流出的经济利益带有不确定性，尤其是与推定义务相关的经济利益通常需要依赖大量的估计。因此，负债的确认应当与经济利益流出的不确定性程度的判断结合起来。如果有确凿证据表明，与现时义务有关的经济利益很可能流出企业，就应当将其作为负债予以确认；如果企业承担了现时义务，但是会导致企业经济利益流出的可能性很小，就不符合负债的确认条件，不应将其作为负债予以确认。

在一些农村地区，虽然给儿子买房和娶媳妇已经形成惯例，但这种惯例只是心理和面子上的压力，并没有法律强制性。也就是说，如果父母没有足够的经济能力，也可以不用给儿子买房和娶媳妇。如果父母经济条件有限，却把这件事情当作必须完成的事情，就会因压力过大而导致精神紧张，进而影响身体健康。如果能换个角度看问题，认为"儿孙自有儿孙福，不管儿孙我享福"，给儿子买房和娶媳妇也就不再是负债了。

2. 未来流出的经济利益的金额能够可靠计量

确认一项负债在满足经济利益很可能流出企业的条件的同时，未来流出的经济利益的金额也应当能够可靠计量。对于与法定义务有关的经济利益流出的金额，通常可以根据合同或者法律规定的金额予以确定，考虑到经济利益流出的金额通常在未来期间，有时未来期间较长，有关金额的计量需要考虑货币时间价值等因素的影响。对于与推定义务有关的经济利益流出的金额，企业应当根据履行相关义务所需支出的最佳估计数进行估计，并综合考虑货币时间价值、风险等因素的影响。对负债的确认与资产类似，同样受到可计量性的影响。由于会计学科的局限性，很多负债因不可计量而没有确认，比如品牌信用受损。

拓展到企业以外的场景，抛开可计量性这个条件，仅仅从负债的本质特征来看，我们能够观察到很多五花八门的负债。

二、不可一日无债

企业负债的来源和形式多种多样，但不论形态如何变化，它都是债务人承担的一项现时义务，偿还的责任已经产生，早晚都要偿还。不过，偿还时间是有差别的。根据偿还时间的长短，可以将负债分为流动负债和非流动负债。

流动负债是指预计在一个正常营业周期内清偿，或者主要为交易目的而持有，或者自资产负债表日起一年内（含一年）到期应予以清偿，或者企业无权自主地将清偿推迟至资产负债表日后一年以上的负债，通常包括短期借款、以公允价值计量且其变动计入当期损益的金融负债、应付票据、应付账款、预收账款、应付职工薪酬、应缴税费、应付利息、应付股利、其他应付款等。非流动负债是指流动负债以外的负债，包括长期借款、应付债券、长期应付款等。

虽然都是流动负债，但与短期银行借款不同，应付票据、应付账款、预收账款是一种商业信用，是对供应商现金流的无偿挤占，不需要支付利息。这种挤占能力取决于企业在产业链中的地位，站在企业短期经济利益的角度，这类无息负债当然是多多益善。但是，企业一般不会无限占用，一方面是对方不允许，另一方面是过多占用会影响企业的正常营运或者信用水平。对商业信用的占用虽然不会像银行借款或应缴税费那样马上需要付出成本，却有隐性成本存在。

不局限于企业，负债在各类经济单位是普遍存在的，几乎没有一个经济单位不存在负债。有些负债是显而易见的，有些却是身负而不自知的。

衡量一个国家的债务水平通常是看债务和 GDP 的比值。根据国际货币基金组织（IMF）和各国官方数据，2022年全球主要国家和地区的债务状况（政府债务总额/GDP的比例）如下：日本260.1%，美国112.9%，欧元区92.9%，南亚76.6%，拉美69.6%，东南亚64.2%，撒哈拉以南非洲55.4%，中国49.8%，中东欧49%，中东北非44.1%，中亚23.7%。

对于地方政府而言，靠自身资产通常不能满足政府运营、城市化、工业化等需要的大量资金，举债也是获取资金的重要途径。发行地方债券、PPP（政府和社会资本合作）、融资平台融资都是常见的融资方式。有时候，地方政府为了增加负债也是费尽心思。财政部曾明确指出金融机构参与地方政府违法违规和变相举债的七大常见模式，包括投资基金、资产管理业务、政策性开发金融、统一授信、金融中介业务、PPP和融资担保等。

对于现代社会的个人来讲，负债已经司空见惯。几十年前，"借钱过日子"常常被用于描述西方国家的个人消费方式，如果用在中国某个人身上，这个词还带有一丝贬义色彩，说明这个人不会持家。自住房商品化改革以来，中国人在按揭贷款的过程中开始对负债熟悉起来，随着年轻人消费观念的变化，借款消费成了一种常见现象，应运而生的消费金融蓬勃发展。

负债的本质是一项现时义务，除了显性的借款外，还有些负债表现得不那么明显。比如，人际往来的红包也是一种负债，有些家庭有记录收到的红包金额的习惯，为的是以后还礼时参考。继续探究下去还会发现，不直接呈现经济形式的负债也是多种多样，比如人情债、知遇之恩债、感情债，这类负债有时候偿还起来会付出比金钱之债更为巨大的代价。人们常说"报答知遇之恩"，还有句话叫作"士为知己者死"，可见这类债务的分量之重。

债务并不可怕，从某种意义上讲，人类社会就是由债务推动运转的。因为有了债务，才有了偿还的义务和行为，才有了经济单位之间的互动和交往。债务的形成与支付体现在商业交易、人情往来、家庭生活等方方面面，欠债与还债占据了社会活动的很大比重，人类社会不可一日无债。

三、财务杠杆

古希腊数学家、物理学家阿基米德说过,"给我一个支点,我就能撬起整个地球"。这句话的原意是说杠杆原理,只要有合适的工具和支点,利用杠杆原理就可以把地球轻松撬动。在某些条件下,负债对于投资者的收益能起到类似杠杆的作用,财务学上称之为"财务杠杆"。

财务杠杆出现的原因是在很多情况下债务利息等筹资成本是固定的。由于债务融资的利息成本是不变的,随着息税前利润(扣减利息和所得税之前的利润)增加,每一单位利润所负担的固定利息费用就会相对减少,净利润的增长率将大于息税前利润的增长率。当息税前利润减少时,单位利润所负担的固定利息费用就会增加,从而单位利润会减少,净利润的下降率大于息税前利润的下降率。

我们来看一个简单的例子:

张三、李四、王五同时做一个餐饮项目,整个项目需要投资200万元,张三全部用自己的钱投入,李四自己投入150万元,另外借款50万元,王五自己投入100万元,借款100万元,借款年利率为8%。假设三个人的公司经营得一样好,第一年息税前利润都是20万元,第二年息税前利润都增加20万元,为40万元,企业所得税税率为25%。三家公司的对比情况如表7.1所示。

表7.1 不同借款构成下的餐饮项目对比情况

时间	项目	张三公司	李四公司	王五公司
第一年	自有资金/万元	200	150	100
	负债(年利率8%)/万元	0	50	100
	资产负债率/%	0	25	50
	息税前利润/万元	20	20	20
	债务利息/万元	0	4	8

续表

时间	项目	张三公司	李四公司	王五公司
第一年	税前利润/万元	20	16	12
	所得税（税率25%）/万元	5	4	3
	净利润/万元	15	12	9
第二年	息税前利润增加额/万元	20	20	20
	息税前利润/万元	40	40	40
	债务利息/万元	0	4	8
	税前利润/万元	40	36	32
	所得税（税率25%）/万元	10	9	8
	净利润/万元	30	27	24
	净利润变动率/%	100	125	167

三家公司息税前利润都是增长1倍，张三公司没有负债，净利润也增长1倍；李四公司借款50万元，净利润增长125%；王五公司借款100万元，净利润增长167%。张三公司没有显示财务杠杆效应，李四公司和王五公司均显示了财务杠杆效应，并且资产负债率越高，财务杠杆效应越明显。

对于李四公司和王五公司来讲，随着息税前利润增加（从20万元增加到40万元），债务利息占息税前利润的比例是下降的，李四公司从20%下降到10%，王五公司从40%下降到20%。这是由于债务利息是相对固定的，息税前利润增加后，每一单位息税前利润承担的利息降低，相应地，企业无法按期偿还利息的风险也降低。

同理，如果息税前利润降低，财务杠杆的存在也会使净利润降低得更快。

我们来看一下财务杠杆效应的另外一种表现形式：

老王和老张同时买了一套房子，房款总额为150万元。老王以按揭方式购买，首付款50万元，贷款100万元，年利率5%；老张则150万元全款购买。两年后两人同时以200万元（扣减各项税费后）卖出，不考虑个人所得税因素，两人的息税前利润都是50（200-150）万元。

老王的净利润=200-150-100×5%=45（万元）

老张的净利润=200-150=50（万元）

表面看老张的净利润比老王多出5万元，但老王的自有资金收益率为90%（45÷50×100%），而老张的自有资金收益率只有33.33%（50÷150×100%），原因就是财务杠杆在起作用。同样的息税前利润，老王通过负债获取了更高的收益水平。由于借款利息费用是固定的，只要资产的收益率大于借款利率，投资者就可以获取负债创造的一部分剩余，从而提高自有资金的收益水平。在这个例子中，房价从150万元增长到200万元，资产的收益率为33.33%，而负债的利率为固定的5%，多出的收益率则被投资者老王享有，因此提高了自有资金的收益水平。

通过财务杠杆提高投资者收益率的前提是息税前利润能够覆盖利息支出，或者说资产的收益率高于利息率，否则投资者就只有用自有资金的收益去补贴利息支出。比如，在老王和老张买房的案例中，如果房子最终以156万元卖出，资产的收益率为4%〔（156-150）÷150×100%〕，低于负债的利率，老王的自有资金收益率则低于老张。

随着负债的增加，借款利息也会相应增加。当利息的增加速度超过息税前利润的增加速度时，将对净利润产生更大的冲击作用，经济单位丧失偿债能力的概率会增加。因负债经营而产生的丧失偿付能力的风险称为财务风险。负债比例越高，财务风险越大；反之，财务风险越小。

财务杠杆出现的本质原因是利息支出的固定性特征。在企业的日常运营中，还存在其他一些固定成本支出，比如既定规模下的厂房租金、设备投入，这类固定成本同样存在杠杆效应。随着收入增加，单位产品或服务分担的固定成本会降低，从而使利润提高，利润的增长率将大于收入的增长率；当营业收入下降的时候，利润的下降率会大于收入的下降率。这种现象称为经营杠杆。前面我们谈到的共享经济的财务原理，实际上是对经营杠杆的运用。财务杠杆和经营杠杆都是一种杠杆效应。杠杆效应是指固定成本能够提高公司的期望收益，同时也会增加公司风险的现象。

通用财务思维：
人人都该懂财务

　　杠杆效应在各种经济主体中广泛存在。凡是通过借用某种资源来创造超出该资源成本的现象都可以看作一种杠杆。荀子在《劝学》中说道："登高而招，臂非加长也，而见者远；顺风而呼，声非加疾也，而闻者彰。假舆马者，非利足也，而致千里；假舟楫者，非能水也，而绝江河。君子生非异也，善假于物也。"利用杠杆，可以突破自有资源限制，把仅仅依靠自有资源无法办成的事情办成。比如，老王买房，自有资金只有50万元，本来无法买到价值150万元的房子，但通过从银行借款买到了房子，出售时还获取了比只利用自有资源更高的收益率。

　　人们通过杠杆搬运重型物品，这是体力对工具杠杆的借力。"将重型物品搬运到目的地"这个收益是比较大的，而找到和使用工具杠杆的成本是相对固定的，工具杠杆创造的收益大于其成本。

　　企业通过雇佣员工来完成股东无法通过自身能力完成的经营活动，这是对员工人力杠杆的利用。若想人力杠杆更好地发挥作用，只需要员工创造的收入大于其成本即可，这样股东就可以获取员工的剩余价值。有些企业之所以对业绩差的员工进行淘汰，就是因为他们创造的收入小于其成本，不但没有贡献剩余价值，还侵占了股东的部分资金收益。企业集团也是一种杠杆组织，母公司往往通过少许自有资金控制着庞大的集团组织。

　　不仅是企业，各类圈子也有着类似特征，每一个成员都通过借他人之力获取了更多收入。企业或其他组织之所以非常强调团队意识、团队建设，实际上看中的不是团队本身，而是团队产生的杠杆效应。协会、人际圈、家族、政党、国际组织、军事联盟、政治联盟也都是通过杠杆发挥超越自有资源的作用。

　　一个经济主体要完成大的事业，创造大的收益，必须善用杠杆。有人曾这样描述富人的致富过程：努力工作—挣取收入—向银行借钱—通过负债生钱—轻松致富。这只是描述了富人借用的金钱杠杆，实际上，一个人若想充分发展，需要借用的杠杆非常多，这些杠杆包括捕捉事业的机遇、选择合适的行业、觅得良缘佳偶、追随有潜力的老板、融入得力的团队等。这些杠杆就像一股风汇聚到一起，当风的力量达到一定程度时，就会产生"好风凭借力，送我上青云"的效果。

四、不能一直借

负债行为的本质是通过借用资源完成自身无法完成的任务,使自有资源获取更高的收益水平。但是,负债不能无休止地增加,钱也不能一直借下去,其中既有借款人的原因,也有出借人的原因。

尽管负债可能带来更多收益,但负债的增加会增大财务风险。如果负债创造的收益低于借款利息,那么借款人就需要用自有资金去填补这部分差额,这会给借款人带来损失。对于理性的借款人来说,他会通过评估借款所用项目的收益大小和愿意接受的自有资金损失程度来决定借款金额,并不会一味地增加负债。

但是,有些经济主体的赌性较大,或者对一些因素的评判偏于乐观,在考虑借款多少的时候就可能出现超出自身承受能力的情况,这时候就需要债权人进行控制。

借贷关系一旦成立,债权人就将资金的控制权委托给了债务人,双方形成了一种委托代理关系。将资金的使用权让渡给债务人使用,按约定时间收回本金和利息,这是债权人的目标;而债务人的目标则是将借入的资金用于有一定风险的项目,赚取比利息更高的收入。两者的目标并不一致。

由于债权人和债务人的目标不一致,在借款完成以后,债务人就有可能为了达成自身目标而损害债权人的利益。比如,投资比债权人预期风险更高的项目,这样债务人就有可能获取更多的超额收益,而债权人不会得到任何额外好处。但是,如果投资项目失败,债务人就可能无法按期还本付息,债权人要共同承担损失。对于专业从事贷款业务的金融机构来讲,贷后管理是一项非常重要的工作,主要是担心债务人因不合理使用借款或者经营恶化无法按约定偿还借款本息。

借贷关系成立后,债权人对债务人的关注虽然可以让债权人在某些情况下及时采取应对措施,但降低可能损失的更有效办法是在借贷关系成立之前就谨慎地筛选合格的借款人，并设定一些限制条件。借款人从专业机构借款成功一般要通过三关：

第一关：实际控制人关。

为了评估借款人的偿还能力，出借人常常从很多方面对借款人进行全方位的考察。比如，有些出借人会对企业实际控制人或者借款个人实行一票否决，主要从人品、信用、能力、个人负债、兴趣爱好、价值观、婚姻家庭等方面对其进行审查。

第二关：担保关。

在实际控制人审查过关后，一般情况下出借人还会要求借款人提供担保，常用的担保方式包括保证、抵押和质押。

保证是指保证人和债权人约定，当债务人不履行债务时，由保证人按照约定履行主合同的义务或者承担责任的行为。

抵押是指债务人或者第三人不转移对抵押财产的占有，将抵押财产作为债权的担保。当债务人不履行债务时，债权人有权依照相关规定以抵押财产折价或者以拍卖、变卖抵押财产的价款优先受偿。

质押是指债务人或者第三人将其动产移交债权人占有，或者将其财产权利交由债权人控制，将该动产或者财产权利作为债权的担保。当债务人不履行债务时，债权人有权依照相关规定以该动产或者财产权利折价或者以拍卖、变卖该动产或者财产权利的价款优先受偿。

实际的担保形式可能更灵活，既可以是一种担保方式，也可以是几种担保方式的组合。在同一种担保方式下，也可能采用不同的形式。

第三关：还款来源关。

通常情况下，债权人将资金出借给债务人，并不希望通过担保条款得到偿付，而是希望债务人能够通过正常的还款来源进行还款，因此还款来源是债权人重点考察的对象。债权人一般会通过资料收集研究、实地考察、访谈询问、开会讨论等方式判断还款来源的可靠性。

三关过完后，资金出借人会根据这三方面的情况决定是否提供借款。由于不同的出借人对借款人的理解及风险偏好不同，对是否出借及定价水平可能会做出不同的决定。因此，很多借款人常通过广撒网的方式来获取资金。

当这三方面的潜力使用殆尽时，借款人往往再也借不到钱了，这就是借款人的债务融资上限。

与专业机构对借款人的考察类似，面对是否出借资金时，个人等其他出借人也同样从类似的几个方面进行考虑，只不过有些人表现得相对理性成熟，有些人则表现得轻率大意。另外，很多个人在出借资金时，还会受到感情因素的支配和高利率的诱惑。

国家的负债同样是有上限的。美国政府最近几年发行了大量债券，以至于市场越来越担忧美国政府可能发生债务违约。尽管位于纽约曼哈顿的国债钟实时提醒着美国的公共债务总额，但迫于政府开支的压力，美国政府仍在试图不断地扩大债务总额，但越来越难卖的债券和越来越高的利率也让美国政府左右为难。

如果明知对方没有偿还能力或者将来不会偿还，出借人仍然愿意出借资金，这种借款已经不是严格意义上的债权，而是类似于捐赠。对于因高息诱惑而出借资金的债权人来讲，常常连本金都无法收回，民间高息借款的"老赖"、曾经大面积"爆雷"的P2P网络借贷平台，不时提醒着人们："你想着对方的利，对方想着你的本。"另外，如果能对财务杠杆发挥作用的条件有所理解，出借人也不会出借资金，因为极少有企业的息税前利润率能达到这么高。当综合考虑各种因素出借人不愿再借出钱的时候，借款人也就借不到钱了。

与借款类似，当其他债务的额度达到一定程度没有偿还或者信用恶化时，欠债人就难以再增加负债。比如，人与人之间的人情往来如果一直是来而不往，那么这个"来"就不会一直持续。两个人一起吃饭，如果每次都是同一个人买单，那这种吃饭的活动一般持续不了多久。

借款人若想获取更多负债，就要关注出借人所关心的问题，让他们对完整收回本息放心，这是增强自己的借债能力的关键所在。为了维护自身的信用额度，人们很早就提出了一些行为准则，比如"一言既出，驷马难追""滴水之恩，当涌泉相报"。

五、管理负债

负债的魅力在于杠杆作用,债务人通过负债可以完成自己想做但自有资源不够的事情。尽管需要支付利息,但债务人认为自己能得到比支付的利息更高的收益,负债越多,收益越大。这个收益有时候是金钱上的收益,有时候是精神、感官、脱离困境等方面的收益。

一些年轻人通过网贷购买新款手机、打赏网红,得到的是心理感受的收益;嫌自己不够漂亮的女孩儿通过借款进行整容,得到的是美丽容颜的收益;无钱治病的人通过借款治病,得到的是身体健康的收益;深陷经营困境的创业者通过借钱让企业得以持续,得到的是事业上的收益……债务人通过负债完成上述活动时,必然是认为其得到的收益大于借款的利息,通过别人的钱给自己带来更多的净收益。

但在有些情况下,事实未必是他们当初负债时所认为的那样。有些人在借款时其实是一种冲动负债,或者是高估了自己的收益或者是低估了利息的代价,因校园贷、高利贷、"套路贷"、"裸贷"而后悔莫及的人就属于这种情况。

需要牢记的是,通过负债获取杠杆收益的前提是负债带来的收益大于其利息,否则负债带来的将是通过杠杆放大的损失。2015 年在监管部门清理配资的过程中发生股灾,融资炒股的人损失尤其严重。

当短时间内负债带来的收益小于利息时,债务人需要用自有资金或其收益对利息缺口部分进行补偿,长此以往,如果自有资金消耗完毕,债务人将陷入破产的境地。这种情况下的债务人能持续多久,取决于其自有资金的数量和负债利息的高低。

债务人的负债占其资产总额的比例称为资产负债率。比如,债务人自有资产 50 万元,另外借款 50 万元,年利率为 8%,则其总资产为 100 万元,资产负债率为 50%。如果债务人在一年内创造的息税前利润小于 4 万元,则需要用自有资产来填补利息支出,从而形成对自有资产的侵蚀。借款利率越高，对自有资产的侵蚀越快，这种情况如不改善，债务人走向破产的速度就越快。

因此，债务人避免破产的第一要点是保持合适的资产负债率，并避免长期过高利率的负债。

资产和负债的期限匹配也是一件重要的事情。期限匹配是指将债务期限与资产期限对应起来。资产期限是指资产产生现金流的期限模式，债务期限则是归还债务本息的现金流的期限模式。将资产和债务的期限匹配起来，能够减少由于资产在某一时点产生的现金流不足以用来支付利息而带来的风险。有些时候企业发生财务风险的原因并不是资产不足以偿付借款，而是资产无法及时变现，即资产产生现金流的时点与需要偿还负债的时点存在差异。如果资产和债务的期限能够很好地匹配，一个明显不靠谱的资金安排也能持续较长时间，很多庞氏骗局就具备这个特征。当然，这种安排毕竟是有问题的，只是持续时间长短而已。

在上面的案例中，如果债务人的100万元全部用来购买专用机器设备，若一年内创造的息税前利润小于4万元，则不足以支付借款利息，这时候尽管债务人尚有100万元资产，但由于无法立即变成现金流用于支付利息，债务人就会出现支付困难。如果债务人能够获得延期允许或者立即借到新的资金，则可以暂时解决这一问题，否则就会陷入偿债危机。

适度负债可以让我们享受财务杠杆带来的利益，但如果过度负债则会给自己带来麻烦。适度负债需要做到三点：

第一，低于资产收益的利率水平。

第二，资产负债率不能过高。

第三，资产和负债在期限上尽量匹配。

人情债有时候比金钱债更难还，其背后附带的利息更高，所以人情债也需要进行管理。有人说，"在生活中，能用钱解决的事情，就不要欠人情，这样大家谁也不欠谁，以后可以正常交往；一旦欠了人情，双方就不再平等，总要矮对方一头"。不过，利用人脉关系合作共赢与单纯的欠人情债是两回事，前者的本质是平等的利益交换，而后者则是非等价的。

第 8 章

所有者权益：这才是你的

一、认识所有者权益

张三的全部资产为银行账户里的 100 万元存款，其中有 60 万元是刚刚从银行借来的，另外 40 万元是自有资产，这 40 万元就是所有者权益。资产的来源一是负债，二是所有者权益，再无其他途径。

所有者权益是指企业资产扣除负债后由所有者享有的剩余权益，公司的所有者权益也可以称为股东权益。所有者权益是所有者对企业资产的剩余索取权，它是企业资产中扣除债权人权益后应由所有者享有的部分，既可以反映所有者投入资本的保值增值情况，又能体现保护债权人权益的理念。

企业所有者凭借所有者权益参与利润的分配，除非发生减资、清算或分派现金股利，企业不需要偿还所有者权益。当企业清算时，只有在清偿所有的负债后，所有者权益才返还给所有者。

所有者权益的来源包括所有者投入的资本、直接计入所有者权益的利得和损失（其他综合收益）、留存收益等，通常由实收资本或股本、资本公积（含股本溢价或资本溢价、其他资本公积）、其他综合收益、盈余公积和未分配利润构成。银行等金融企业在税后利润中提取的一般风险准备金，也构成所有者权益。

（一）实收资本

实收资本是指企业按照章程规定或者合同、协议约定，接受投资者投入企业的资本。实收资本的构成比例或股东的股份比例，是确定投资人在企业所有者权益中所占份额的基础，也是企业进行利润或股利分配的主要依据。

根据《公司法》，股东可以用货币出资，也可以用实物、知识产权、土地使用权、股权、债权等可以用货币估价并可以依法转让的非货币资产作价出资，但是法律、行政法规规定不得作为出资的资产除外。企业应当对作为出资的非货币资产评估作价，核实资产，不得高估或者低估作价。股东应当按期足额缴纳公司章程中规定的各自所认缴的出资额。

《公司法》第四十七条规定，有限责任公司的注册资本为在公司登记机关登记的全体股东认缴的出资额。全体股东认缴的出资额由股东按照公司章程的规定自公司成立之日起五年内缴足。因此，认缴仅仅是股东的承诺，而实缴则是已经真正将资本投入到了公司。在股东实缴完成前，公司的注册资本与实收资本往往存在差异，不能把注册资本等同于实收资本。

在一些特殊的情况下，企业还会出现干股，干股不被《公司法》认可，不是按照出资比例享有的股权，而是由于他人掌握了关键资源，但不愿意或不方便实际出资，企业承诺按一定的股权比例向其分红，就好像这些人持有公司股份一样。很多人对干股的了解是基于一些腐败案件的披露，似乎干股天然承载着罪恶，但实际上并不是这样。在腐败案件中，官员掌握了权力这一关键资源，而掌握渠道、专业才能等其他关键资源的人同样可以获得干股，在企业中这种情况比较常见。

实收资本越多，代表股东投入的资金越多，但这跟企业的赚钱能力并无关系。很多大企业创立之初只有少量的实收资本，后续做大做强全凭资金以外的东西，这类企业的老板都是高手。

（二）资本公积

资本公积是企业收到的投资者出资额超过其在注册资本（实收资本）中所占份额的部分，以及直接计入所有者权益的利得和损失等，包括资本溢价（或股本溢价）和其他资本公积等。

资本溢价（或股本溢价）是由于溢价发行股票、投资者超额缴入资本而形成的。比如，企业经营进入正轨后，前景已基本明朗，此时的入股价格比创业初期的入股价格会高一些，高出来的部分则计入资本溢价。

之所以存在资本溢价，有时候是因为后来者错过了机会，有时候是因为事业前景更加明朗，有时候纯粹是先来后到的问题。《水浒传》中八十万禁军教头林冲初上梁山时，先来的三个创始头领的武功和才智均在林冲之下，但林冲却只能坐第四把交椅，还要遭受各种刁难。在各类组织中，新加入的成员经常要主动与老成员处好关系，联络感情，以求得到关照和配合。新成员所做的额外付出其实就是一种后来者的资本溢价。

其他资本公积是指除资本溢价（或股本溢价）、净损益、其他综合收益和利润分配以外所有者权益的其他变动。比如，企业的长期股权投资采用权益法核算时，因被投资单位除净损益、其他综合收益和利润分配以外所有者权益的其他变动，投资方按应享有份额而增加或减少的资本公积，直接计入投资方其他资本公积。在股权激励等待期取消授予的权益工具等情形下也会发生计入其他资本公积的处理。

其他资本公积是相对专业的概念，是企业为了精确核算所设置的科目，在其他场景下无须做过多关注。

（三）留存收益

留存收益是指企业从历年实现的利润中提取或形成的留存于企业的内部积累，包括盈余公积和未分配利润两类。

盈余公积是指企业按照有关规定从净利润中提取的积累资金。公司制企业的盈余公积包括法定盈余公积和任意盈余公积。

法定盈余公积是企业按照规定的比例从净利润中提取的盈余公积。根据《公司法》的相关规定，公司应当按照净利润的百分之十提取法定盈余公积，法定盈余公积累计额达到注册资本的百分之五十以上的，可以不再提取。任意盈余公积是企业按照股东会决议提取的盈余公积。

盈余公积可用于弥补亏损、转增资本或者发放现金股利或利润等。任意盈余公积与法定盈余公积的区别在于计提的依据不一样，前者由企业的权力机构自行决定，后者以法律法规为依据。

未分配利润是指企业实现的净利润经过弥补亏损、提取盈余公积和向投资者分配利润后留存在企业的、历年结存的利润。

留存收益其实就是一个主体在实收资本的基础上，经过苦心经营而沉淀下来的成果。盈余公积和未分配利润都是留存收益，只不过盈余公积有专门的用途，就像有的家庭每年拿出一部分钱存入孩子的教育账户；而未分配利润没有指定用途，类似于一个家庭每年积攒下来的结余。

在经营人脉时，也有类似盈余公积和未分配利润的区分。比如，有的人脉用于处理官司纠纷，有的人脉用于解决身体健康问题，有的人脉用于帮助子女教育，这些都可以看作人脉方面的盈余公积；而如果只是通用意义上的人脉积累，并无特定准备的用途，则可以看作人脉方面的未分配利润。

（四）其他综合收益

其他综合收益是企业根据会计准则规定未在当期损益中确认的各项利得和损失。例如，可供出售金融资产的公允价值变动额、现金流量套期中套期工具公允价值变动额（有效套期部分）等。

所有者权益体现的是所有者在企业中的剩余权益，因此，所有者权益的确认主要依赖于其他会计要素，尤其是资产和负债的确认，所有者权益金额的确定也主要取决于资产和负债的计量。例如，企业接受投资者投入的资产，在该资产符合企业资产确认条件时，就相应地符合了所有者权益的确认条件；当该资产的价值能够可靠计量时，所有者权益的金额也就可以确定。

再次强调，资产的来源只有两个，一个是负债，另一个是所有者权益。

二、剩余索取权

英国历史学家阿克顿讲过一个分粥的故事。故事的大意是：

由七个人组成的小群体，每个人都是平凡且平等的，他们没有险恶害人之心，但不免自私自利。他们想用非暴力的方式解决每天的吃饭问题——分食一锅粥，但却没有称量工具，为此，他们尝试过多种分粥方案。

第一种方案：指定一个人负责分粥。可是很快大家发现，这个人为自己分的粥最多。于是，又换了一个人分粥，结果总是负责分粥的人碗里的粥最多最稠。

第二种方案：大家轮流分粥，每人一天。这就等于承认了个人为自己分粥的权利，同时也给予了每个人为自己多分粥的机会。虽然看起来平等了，但是每个人在一周中只有一天吃得饱而且有剩余，其余六天都饥肠辘辘。

第三种方案：大家选一个德高望重的人负责分粥。刚开始这个德高望重的人还能公平地分配，但不久他便开始为自己和讨好他的人多分一些粥。

第四种方案：选一个分粥委员会和一个监督委员会，形成监督和制约。公平基本做到了，可是由于监督委员会常提出各种议案，分粥委员会又据理力争，等分粥方案确定了，粥却冷得不能再喝了。

第五种方案：每个人轮流分粥，但是分粥的那个人要最后一个领粥。在这种制度下，七个碗里的粥每次都是一样多，就像用科学仪器量过一样。

按照第五种方案，其他人先领粥，分粥人最后领粥。在这样的安排下，其他人就会对分粥人放心。对于分粥人来讲，分剩下的就是他的，他得到的是剩余索取权。与第五种方案的分粥人类似，投资人也是享有企业的最后收益，所有者权益也是一种剩余索取权，这种安排同样可以让企业的其他资源提供者放心。

企业的成立和运行是众多资源集合的结果，这些资源来自不同的经济主体，包括投资人、债权人、员工、供应商、客户、政府部门等，这些资源提供者将自己的资源或明或暗地注入企业，由投资人或投资人委派的管理层主导企业经营，承担分粥人的角色。其他资源提供者则很少对企业的经营问题进行干预，只能相对被动地等待分配，所以，如何保障自己的权益不受侵害就成为大家关心的问题。

与分粥的故事不同的是，投资人除了对粥进行分配外，还承担着"煮粥"这个经营企业的任务。煮粥可以煮多煮少，经营企业同样有亏有赚。为了打消其他资源提供者在煮粥过程中利益受损的顾虑，企业就不能等煮熟后再根据粥的多少由投资人进行分配，而是事先约定基本规则——其他资源提供者按相对固定的数额进行分配，投资人获取所有剩余利益。这样一来，其他资源提供者的利益就得到了相对保护。企业经营良好的时候，债权人得到了资金利息，员工得到了事先约定的薪酬，供应商得到了货款，客户得到了商品或服务，政府部门得到了税收，而投资人则可能由于市场机遇、勤勉、经营有方等获得了更多的净利润收益，每个人都各得其所。企业如果经营不善，走向破产，投资人的权益则全部用于支付其他资源提供者。《中华人民共和国企业破产法》规定破产财产在优先清偿破产费用和共益债务后，依照下列顺序清偿："（一）破产人所欠职工的工资和医疗、伤残补助、抚恤费用，所欠的应当划入职工个人账户的基本养老保险、基本医疗保险费用，以及法律、行政法规规定应当支付给职工的补偿金；（二）破产人欠缴的除前项规定以外的社会保险费用和破产人所欠税款；（三）普通破产债权。""破产财产不足以清偿同一顺序的清偿要求的，按照比例分配。"

由于投资人享有的是剩余索取权，将承受经营亏损的风险，但也有可能通过各类杠杆运用获得比其他资源提供者更高的收益率，因此，杠杆效应其实也是对投资人的一种风险补偿。没有这种风险补偿，将不会有人成为创业者、投资人。从这个角度来看，分粥故事中的第五种方案非长久之计，由于没有类似杠杆效应的补偿，该方案下的分粥人不是权利行使者，由于付出劳动且没有多余的好处，分粥工作实质上成了一种义务，分粥人也必然成为人人避让的角色。

在企业以外的组织中，如政府机构、业委会、公益组织等，之所以实际掌控者有时候会受到质疑和诟病，往往是因为这些人没有把自己安排在第五种方案中的分粥人那样的剩余索取者的位置，而是像第一种方案那样对自己优先分配。即使在灾难来临时，也不忘喊出"让领导先走"。

"最后领粥"这种剩余索取权安排是一种伟大的制度设计，是企业得以设立和运行的基础。如果没有这样一种制度设计，各利益相关方将会和分粥故事中的参与人一样一直争论不休，企业这种组织形态就无法形成，我们就无法见到那些伟大的公司，创新和进步就会滞后，人类生活也将失去很多色彩。

三、原始资源

玩滚雪球游戏的时候，人们会先掬一捧雪，攥成球形，然后在地上滚动，地上的雪层层包裹，雪球由小而大，滚雪球的人冷热交加，却心生欢喜。企业的经营类似滚雪球的过程，投资形成的所有者权益就是那最初的一捧雪。

俗话说，"唤鸡还要一把米"。所有者权益是企业的初始资源，有了这份资源，才有可能聚集其他资源共同完成企业的经营活动。然而，对于不同的企业来讲，第一捧雪的大小和紧实程度却大不相同。有的企业在初创期投资非常有限，就像一个小雪团；而有的企业一开始设立，投资额就非常大，就像一个巨型雪球。

最初一捧雪是企业发展的起点，这个起点是不公平的。这捧雪越大，就越会为吸引更多资源的加入创造有利条件。因此，很多企业都希望在条件允许的情况下把第一捧雪做大。但是，一般情况下，能拥有这样条件的企业很少，投资者们不得不带着惋惜量力而行。

资产的来源有两方面，一方面是自己原本拥有的，一方面是从外面借来的，即资产等于所有者权益加负债。其中，自己原本拥有的比从外面借来的更重要，这是因为能否在外面借到、借到多少往往取决于自己原本拥有多少。况且，很多时候还存在马太效应，"凡有的，还要加倍给他叫他多余；没有的，连他所有的也要夺过来"。

每个人原本拥有的千差万别，即所谓的"起点不同"。"股神"巴菲特曾说过一句让人印象深刻的话，他说他中了"卵巢彩票"。什么是"卵巢彩票"？用我们熟悉的话来讲，他是含着金汤匙长大的。巴菲特认为，他今天的成就绝大多数都要归功于自己的好运气——出生在一个优秀且富裕的家族，这对他一生的发展产生了极大的影响。

绝大多数人都没有巴菲特这样的好运气。不过，不管是否中了"卵巢彩票"，努力增加自己原本拥有的都是扩充总资产的主要甚至是唯一途径。

这个原本拥有是动态的，每个阶段的原本拥有都在发生着变化。即使是巴菲特也是如此，同样经历了无数个原本拥有的迭代递进，他的体力、智力、经验、能力、财富、影响力都在不断地发生着变化。会计学对此表达为：

本期末所有者权益＝上期所有者权益+本期利润

"本期"既可以是"三十年河东，三十年河西"中所说的三十年这样长久，也可以是每一天、每一秒这样短暂。这个表达式告诉我们，每时每刻都是一个新的起点，此时存在的一个原本拥有的所有者权益，如果我们在一秒钟内有所收益，下一秒的所有者权益就会增加，又变成一个新的起点。这个会计表达式蕴含着丰富的哲理。

有的人手里的第一捧雪只是少得可怜的一两片雪花，怎么办呢？司马迁在《史记·货殖列传》中提到"无财作力，少有斗智，既饶争时"。这句话可以理解为，一个人在不拥有财力、经验、人脉、渠道等资源的时候，只有靠先天的体力资源赚钱；等有了一些财富积累后，就可以通过学习获取智慧，让资产变得更多；在资本雄厚的时候，要善于抓住机遇，取得更大的成绩。

众多通过自己的人力这种"原本拥有"获取收入的人，都处于"无财作力"的阶段，无论是建筑工地的体力劳动者还是高级写字楼里的光鲜白领，只要是单纯依赖劳动赚取收入的，都属于"无财作力"。有了一定的财富之后，就可以通过各种杠杆的使用加快财富积累，过去十几年在楼市和其他投资中获利的投资者多属于此类，而财富排行榜的上榜者则更多是由"既饶争时"而来。

健康、智慧、体力、时间、知识、能力、金钱等都是人们的所有者权益，所有者权益的动态变化特征给予了人们希望。所谓"不笑少年贫"，就是说一个少年哪怕现在非常贫穷，他的手里只有一两片随时可能化掉的雪花，但也不能小看他，因为他的所有者权益正在构建、发展，有朝一日这一两片雪花也可能变成巨大无比的雪球。

四、真正的所有者

　　所有者权益是资产扣除负债后由所有者享有的剩余权益，是投资者对企业的一种剩余索取权。理论上每个投资者都是企业的主人，都可以主张这部分权利，但有些情况下并非如此，所有者权益也有真假之分，你的不一定是你的。

　　炒股的朋友一般期望获得两种收益，一种是来自股票买卖的利差，另一种为上市公司的分红，其中第一种收益是主要的。如果对上市公司的前景或者股票的获利性不满意，股民可以选择的做法基本只有一个——择机卖出股票。对于上市公司来说，每一个股民都是它的股东，都属于企业的所有者。但是，由于散户持有的股份较少，代表的投票权份额有限，对企业的战略选择和经营管理产生的影响微乎其微，并没有真正得到股东的权利，唯一能做的就是通过增持和减持来表达对上市公司的态度。散户在上市公司的所有者权益在很大程度上是一种假权利。

　　比股市中散户在上市公司的所有者权益更假的是公民在国有企业的权益。国有企业虽然在产业安全和社会公益方面具有重大作用，但在个人权益行使方面却存在先天缺陷。从理论上讲，国有企业的所有者是全体公民，每个人都是国有企业的股东，都有一份所有者权益。但是，人们并不能准确地知道在国有企业中自己有多少份额，价值多少，手中也未持有任何相关权证来证明其中有自己一份，想要用脚投票也不好操作。对于改变国籍的人，虽然形式上看似用脚投了票，放弃了自己在国有企业中的所有者权益份额，但又好像没有放弃什么，因为从来就没真正直接拥有过。

　　在一些非上市公司中，小股东常常面临类似股市中散户的困境。当初投入资金时，本指望能够获取企业发展的利润，但是由于企业的重大决策掌握在大股东手中，即使账面有资金，未分配利润也很多，但大股东可能会出于某些考虑决定不进行分红。于是小股东的资金长期沉淀在企业，既不能获取利息，也没有取得红利，非上市公司的股权对外转让又很困难，这份投资更像是对大股东的一种财务资助。因此，很多小股东在企业中的所有者权益也是名不副实。

很多企业在计划实施股权激励的时候，大股东和员工经常出现认识分歧。大股东认为企业愿意实施股权激励本身就是对自己权利的让渡，是对员工的善待和恩遇；而员工则可能认为，股权激励方案中的对价并不便宜，况且自己还要投入一笔资金，丧失了对这笔资金的支配权，收益的分配自己也无法决定。看来，员工并不认为自己参加股权激励后就能够成为企业的所有者。

大股东的所有者权益价值就一定能够充分体现吗？也不一定。随着企业规模和业务内容的扩大，以及股权结构及经营管理的复杂化，现代企业中广泛存在职业经理人。有时候职业经理人会被授予很多权利，对企业的控制力比大股东更强，国美电器发生的控制权之争就颇具代表性。

实际上，当所有权与经营权分离时，企业会对经理层授予一定的权利，而经理层或多或少都会占公司一些便宜。为了企业发展，大股东会对经理层有一定程度的放任或者容忍，在这种情况下，大股东的所有者权益实际上也受到了削弱。

国家的治理比企业更加复杂。古代年幼的皇帝登基后，朝政常常由权臣把控，这也属于职业经理人侵占了大股东的控制权。皇帝成年后，即使英明神武，也需要让渡大量的权利给文武百官。在汉高祖颁布的求贤令中有"与天下之豪士贤大夫共定天下，同安辑之"的内容，刘邦是中国历史上第一个喊出与士大夫共治天下的皇帝。

在海外上市的互联网企业，绝大多数都采用了 AB 股的模式。这种股权模式也称为双层股权结构，就是将公司的股权分为两种，即 A 股和 B 股，前者是普通股股权，一股对应一份表决权，而后者每一股有多份表决权。以在美国上市的京东为例，公司章程规定，刘强东的股份每一股有 20 份表决权，相当于普通股的 20 倍，从而可以用少量股权实现对京东的控制。在这种情况下，简单的股份数量控股或者占优已经失去了意义，账面上的所有者权益份额并不代表对公司的实际权利。

因此，企业名为投资者的，其所有者权益不一定意味着对等的企业控制权。企业的实际控制权是各方力量博弈的结果：当资本占据优势地位时，投资者就能掌握企业的控制权；当创始人团队占据优势地位时，创始人团队就掌握了企业的控制权；当投资人缺位或者经营管理占据优势地位时，经理层可能就掌握了企业的控制权。当然，在多数情况下，企业还是由所有者控制的，但是在现代企业的公司制组织下，所有者一般由很多方构成，并不是每一方都能够实现自己的话语权。所有者权益的削减会削弱人们成为股东的意愿，当人们能够预期到所有者权益会有所体现时，才有兴趣以一定的代价成为股东，这就是股权激励。

理论上，股权激励有很多优点，并且为很多实践所采用和证明。股权激励的做法也不是新鲜事，18世纪末，山西晋商的票号中就已出现类似股权激励的制度。在电视剧《那年花开月正圆》中，周莹通过银股制，让员工全都变成了老板，这个故事的背景是清朝末年。优秀的股权激励方案的实施会让每个员工都增强自我驱动力，就像高铁的每一节车厢都自带发动机，从而使企业像高铁一样高效运转。企业实施股权激励时大股东应该释放充分的善意信号，让员工相信自己的所有者权益能够在一定程度上得以保障，这样的股权激励才能顺利实施，并起到真正的激励效果。

所有者权益的不完整性告诉我们，一个主体的权益行使通常取决于其实力，而不是称号。未成年人虽然是独立自然人，有着完整的民事权利能力，但因为他还没有长大，实力不够，对自己身体和行为的所有者权益就要全部或部分让渡给监护人。

第 9 章

复式记账：会计的看家本领

一、记账法的前世今生

复式记账是当下最广泛使用的一种记账方法。所谓记账方法，是指使用特定的记账符号，按照一定的规则在账户中记录各类经济业务的方法，可以分为单式记账法和复式记账法两种。

会计作为一项记录经济业务的工作，几乎伴随着人类社会的整个发展过程，在不同时期有着不同的特征。从簿记的方式来看，它经历了原始记录阶段、单式簿记阶段、复式簿记阶段等历史时期。

人类早期的计量、记录行为的产生与生产力发展水平是紧密相关的。在生产力发展水平极为低下的时候，每日所获取的物品很快就被消耗，无须对这些物品进行记录。在出现剩余物品以后，人们逐渐学会了储存和管理物品，并有了围绕储存物合理分配的需求，从而萌生了人类最早的计量、记录的观念和行为。

在原始社会，人们为了满足生产、交换、分配等活动的需要，出于保存已经发生的经济活动资料的目的，比如打了多少野兽，交换了多少果实等，采用了实物记事、绘画记事、结绳记事、刻符记事等原始记录的方法。有些地方甚至还出现了黏土记事，在中东地区曾发现古老的黏土账目，这些账目记录着距今一万至五千多年前中东地区的人们所采用的计量、记录方法。这些原始的记录行为可以看作会计的雏形，代表着人类最初的会计行为。

后来，随着生产力、生产关系和文字的发展，进入了单式簿记阶段，单式簿记在很长的历史时期内发挥着作用。在这个阶段，中国的四柱结算法占有重要地位。

唐宋时期人们创立了四柱结算法，总结了中国簿记的基本原理，并构建了分别适用于政府和民间的簿记方法。四柱结算法的基本公式为"旧管+新收−开除=实在"，这个公式的原理我们至今仍在使用。明清时期，中国产生了"龙门账""四脚账"，这些记账方法把中式簿记提高到了较高的层次，已经是复式簿记的形态。中国的簿记一般以现金作为记账主体，以"收（或者入、来）""付（或者出、去）"为记账符号，在账簿体系上有着自己的特点。

我们现在用的复式记账法来自西方。1494年，意大利数学家卢卡·帕乔利的数学专著《算术、几何、比及比例概要》（又译为《数学大全》）中《计算与记录要论》部分，归纳总结了意大利佛罗伦萨、热那亚和威尼斯的簿记方式。该书成为世界上第一部正式出版的复式记账著作，后经不断发展、完善，最终形成了借贷复式记账簿记理论和方法体系，卢卡·帕乔利也被称为"近代会计之父"。

19世纪末，西式簿记传入中国，一开始主要在帝国主义列强开办的工商业、金融企业以及由它们把持的海关、邮政、铁路等部门使用。1908年，清政府创立大清银行，也采用了借贷记账法，这标志着借贷记账法开始在中国的企事业组织中实际应用。后来，在众多归国留学生的传播和倡导下，西式簿记在中国被越来越多地使用，并逐渐替代了原来的中式簿记。

借贷记账法是目前国际上通用的记账方法，目前会计用的复式记账法就是借贷记账法。实际上，借贷记账法只是复式记账法的一种，其他复式记账法还有收付记账法、增减记账法等。收付记账法曾用于我国金融企业以及非营利组织或单位，增减记账法曾在我国商品流通企业广泛使用。

复式记账法与单式记账法的区别在于记录方式不同，而收支记账法、增减记账法、借贷记账法都属于复式记账法，但记账符号不同，当然在具体的记账规则上也存在差别。我国1992年颁布的《企业会计准则》要求自1993年7月1日起所有企业均采用借贷记账法记账。

1952年，财政部颁布了全国统一的会计制度，适应了当时高度集中的计划经济体制需要。随后，我国的会计制度随着社会发展不断更新和完善。1992年，财政部颁布了《企业会计准则》和《企业财务通则》，要求自1993年7月1日起施行，标志着我国会计模式从计划经济向市场经济的根本转变。为适应经济发展对高质量会计准则的要求，在借鉴国际会计准则并考虑中国国情的基础上，2006年2月财政部发布了新的《企业会计准则》。新的《企业会计准则》体系由 1 项基本会计准则和 38 项具体企业准则组成，改变了我国会计准则与会计制度并存的局面。

此后，财政部又多次对《企业会计准则》进行了修订和完善，逐渐形成了适应我国发展需要的《企业会计准则》。

二、资金运动恒等式

经济活动中的资金运动是十分复杂、千变万化的，一笔资金一旦投入经济活动就开始了它复杂多变的旅程。为了更好地认识资金运动及其规律，就需要对各种运动形式进行适当分类，以区分资金运动带来哪些项目的影响和变动，并且为每一类项目分别命名，这就是会计要素。

会计要素是我们认识资金运动的首要着眼点，前面我们讨论过的收入、费用、利润、资产、负债、所有者权益就是这种分类的结果。在这种分类体系下，再复杂的资金运动所产生的影响都不会超出六大会计要素的范畴。就像孙悟空无论用多么花巧和高明的筋斗云技术，都跳不出如来佛祖的手掌。通过对经济活动中资金运动所影响的项目进行分类，人们对资金运动规律有了深入的理解和把握。

资产、负债和所有者权益称为静态会计要素，它们在某一时点呈现出一种静态的特征，就像用相机捕捉到的某一瞬间的图景。因此，我们可以说，在某个时点，一个经济主体拥有多少资产、负债或所有者权益。收入、费用和利润称为动态会计要素，它们是不断变动的，收入、费用不停地发生，利润也在不断变化，就像录制的一段视频。所以，我们可以说，在某个时期内，一个经济主体获得了多少收入，发生了多少费用，赚取了多少利润。静态会计要素与时点相对应，动态会计要素与时期相对应。

能量守恒定律告诉我们，能量既不会凭空产生，也不会凭空消失，它只会从一种形式转化为另一种形式，或者从一个物体转移到其他物体，而能量的总量保持不变。在保守力学、热力学、相对论力学、流体力学、电磁学等系统里，能量守恒定律分别有其具体的表现形式，但实质均是相同的，能量守恒定律是自然界普遍的基本定律之一。

人们把所有经济活动带来的资金运动影响进行完备分类后，自然就会带来一个结果：既然这种资金运动影响的分类是完备的，那就是自成系统的，能够不断循环的，资金运动也呈现出一种类似自然界的能量守恒特征，我们可以把这种资金运动守恒状态用会计恒等式来表达。

在某一特定时点，资产、负债和所有者权益等静态会计要素具有下列基本关系：

资产＝负债＋所有者权益

这个会计等式被称为静态会计等式，它的基本含义是：

（1）在某一时点，经济主体的资产总额等于其当日的负债总额与所有者权益总额之和。

（2）作为资金占用形式的资产与作为资金来源渠道的负债和所有者权益，是同一资金整体两个不同的方面，二者相互依存。

（3）资产、负债、所有者权益要素之间的变动具有内在联系，经济活动最终会体现在会计要素的变动上。

从图9.1可以看到，一个企业的资产有多种形态的占用方式，但是就其权益的所有者而言，无非是两类，一类是投资者，一类是债权人。换句话说，企业的资产有千千万，但其要么属于投资者，称之为"所有者权益"，要么属于债权人，称之为"负债"。

在某一特定会计期间，收入、费用和利润等动态会计要素具有下列基本关系：

利润＝收入－费用

收入、费用、利润之间的这种基本关系，实际上是利润计量的基本模式，即利润多少就是通过这个公式来计算的。这个会计等式被称为动态会计等式，其含义是：

（1）收入和费用的产生直接影响企业期间利润的确定。

（2）特定会计期间的收入与费用进行配比，可以确定该期间企业的利润数额。

（3）利润是收入与相关费用比较的差额。

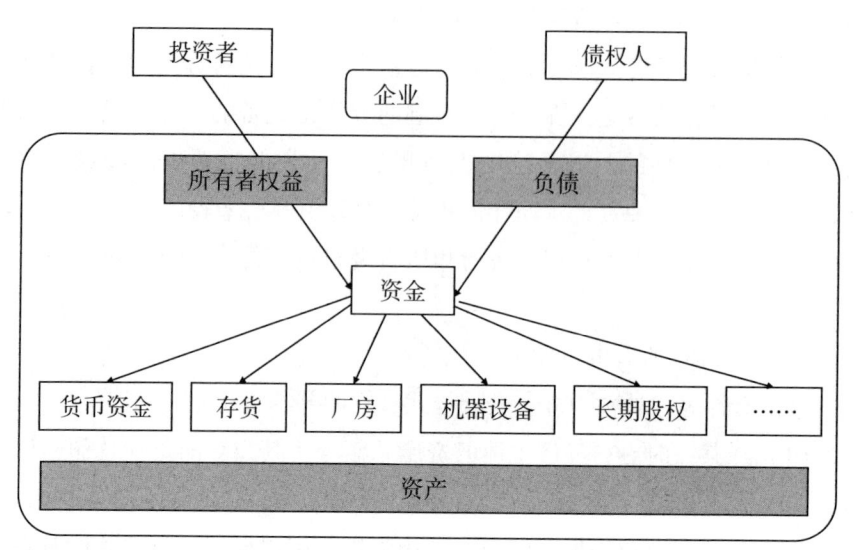

图 9.1 企业资金的来源和占用

回到经济活动的现实中看，经济活动的发生不仅会使静态会计要素发生变动，也会使静态会计要素与动态会计要素同时发生变动。比如，在对外借款时会带来资产要素和负债要素的增加，在卖出商品时会带来收入要素和资产要素的增加，在支付水电费时会带来费用要素的增加和资产要素的减少。

将经济活动中资金运动状态综合的影响表达出来，就有了下列基本关系：

资产+费用＝负债+所有者权益+收入

这个关系式是静态会计等式和动态会计等式综合的结果，被称为综合会计等式。

会计要素是对经济活动所影响项目的分类，经济业务的产生必然使会计要素发生变化。通过会计要素的变化现象，可以认识经济业务发生的基本规律，从而把握经济活动及其资金运动的本质。在经济活动中，会计要素主要有六种变化。

第一种：资产增加，负债或所有者权益增加，即静态会计等式左右两边同时增加。比如，企业的投资者投入一笔资金，银行存款这项资产增加，同时实收资本这项所有者权益增加；向银行取得 100 万元一年期借款，银行存款这项资产增加，短期借款这项负债增加。

第二种：资产减少，负债或所有者权益减少，即静态会计等式左右两边同时减少。与第一种经济业务相反，向银行归还借款会带来资产和负债同时减少，向投资人分红会带来资产和所有者权益同时减少。

第三种：资产要素内部不同资产之间增减变动，即静态会计等式左边内部增减变动。比如，用银行存款购买原材料即属于此类，银行存款这项资产减少，同时原材料这项资产增加。

第四种：负债或所有者权益有增减变动，即静态会计等式右边内部增减变动。比如，借新还旧会带来一项负债减少，另一项负债增加；用盈余公积转增资本，会带来盈余公积这项所有者权益减少，实收资本这项所有者权益增加；债转股会带来负债减少，所有者权益增加。

第五种：收入与资产同时增加，即综合会计等式左右两边同时增加。比如，企业销售商品会带来收入和资产同时增加。

第六种：费用增加，资产同时减少，即综合会计等式左边内部增减变动。比如，用银行存款支付人员工资会带来费用增加和资产减少。

从经济业务对会计要素的影响分类可以看出，经济业务的发生，虽然会导致相关会计要素发生变动，但不会影响会计等式的平衡关系，这三个会计等式是资金运动恒等式。

三、从哪里来到哪里去

单式记账法是对发生的每项经济业务只在一个账户中进行登记的一种记账方法。单式记账法下，每发生一项经济业务，只在一个账户中进行单方面的记录，通常只记录货币收付和债权、债务的增减，而不记录其他项目的变化。例如，从银行支出 10000 元购买原材料，只在银行存款账户上记录银行存款的减少，而不记录原材料的增加（见图 9.2）。单式记账法一般只设置现金、银行存款、应收账款、应付账款账户，资产通过实地盘点来清点盘查。这种记账方法不能全面反映经济业务的全貌，不便于稽核账簿记录正确与否，是一种简单的记账方法，在人类很长的历史时期内占据了重要位置。

```
            银行存款账户
                  |
                  | 10000
                  | （减少）
```

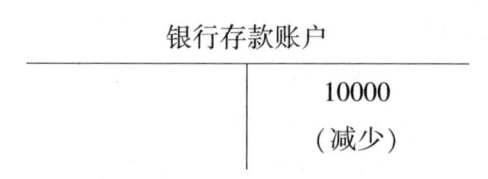

图 9.2　单式记账法

只要识字并能够进行一般的数学计算，单式记账法可以说是不学就会的，它没有固定的规则，可以自由发挥。如今，生产作坊、商贩、餐馆等简单的经济单位仍在使用单式记账法。这些经济单位的记账人员并没有专门学习会计专业知识，而是凭借生活常识就完成这项工作。不过，单式记账法对于现代化的企业显然是难以适用的，即使形态简单的经济单位，当业务发展到一定程度时，单式记账法也会显现很多弊端。

复式记账法是相对于单式记账法而言的，是对发生的每项经济业务，均以相等的金额在两个或两个以上相互联系的账户中同时进行登记，借以全面反映经济业务的记账方法。复式记账法能够完整记录经济业务的来龙去脉，展示经济业务的资金从哪里来到哪里去，既记录资金的来处又记录资金的去向，这样对经济业务的全貌就反映得比较完整了。

复式记账法有着深刻的哲理。"我是谁？从哪里来？要到哪里去？"被称为哲学的三大终极问题。数千年来无数优秀的哲学家和古圣先贤对此进行了冥思苦想和不懈探索，至今仍没有完美的答案。令人欣喜的是，通过现代会计方法，哲学三问在经济活动领域率先得到了解答，并用复式记账技术做了描述和记录。

一项经济业务的发生，必然有其始点和终点，有初始状态和终点状态，复式记账法就是记录了其始点和终点的相关变化。对于用10000元银行存款购买原材料的经济业务，这笔资金的初始状态是银行存款，终点状态是原材料，在初始状态一边，发生了银行存款的减少，在终点状态一边，发生了原材料的增加。用复式记账法记录这个状态变化的过程（见图9.3）。

```
  银行存款账户              原材料账户
      10000      ──→      10000
     （减少）              （增加）
```

图 9.3 复式记账法

复式记账要设立完整的账户体系，作为记录经济业务的载体。企业所发生的每一项经济交易与事项都要在相关账户中进行记录，不得遗漏和偏废。

复式记账法可以对特定期间的账户记录结果进行试算平衡检查，以确定账户记录的正确性。复式记账法下，每一项经济业务的记录都有一定的规律性，因此可以根据规律验证记录过程是否正确，会计上称之为"试算平衡"，试算平衡是复式记账的重要特征，是由其记账方法决定的。

复式记账法的本质思想是对互根互生的两个方面同时进行记录，当出现与太极图中的阴阳两仪类似的事项时，只记录一方就无法完备描述。这种思维方式在现实生活中也有着广泛的体现，比如签订合同时会写明甲方和乙方的名称，甲方和乙方的权利、义务等，这份合同就相当于对甲、乙双方做了个复式记账，它从甲方、乙方两个方面进行了合同约定描述。债权人与债务人、委托人与受托人、丈夫和妻子、力与反作用力、起点和终点等都有着类似意味。

借贷记账法是以"借""贷"作为记账符号的一种复式记账法。借贷记账法起源于12世纪左右的意大利，当时，意大利北部地区的商品贸易较为发达，为了适应商业活动和经营管理需要，逐步产生了以"借""贷"为记账符号的记账方法。今天，借贷记账法已经在世界上广泛使用，使会计成为一门通用的商业语言。

借贷记账法产生时，"借""贷"记账符号原本具有债权、债务等字面上的含义，但发展至今，已经失去了原有含义而作为一种纯粹的记账标志存在。当年笔者在学校学习会计知识时，为了简化书写，提高效率，常常在草稿纸上用"+""-"符号来代替"借""贷"，其实，用任何符号都是一样的，其作用不会受到任何影响。

显然，作为人为创造的一门技术，借贷记账法不是能够生而知之的。一般大学本科学习会计，需要经过四年的培养过程，四年学完以后，如果想继续深造，还可以攻读会计学硕士研究生、博士研究生。当然，会计专业人才的培养课程是成体系的，而不是单纯教授借贷记账法。

中国的会计队伍非常庞大，其中有大量会计人员是转行而来的，有些是大学读了其他专业后来从事会计工作，有些则是通过自学、社会培训等方式获取了会计技能，并开始从事会计工作。目前，中国已经取消了从事会计工作必须持有从业资格证的要求，但是，从事会计工作还是要从借贷记账法学起。

可以说，借贷记账法的普遍采用给其他行业人员转为会计人员设置了一定的门槛，会计成了一项需要专门学习的技术工作。从某种意义上讲，会计之所以成为一项专业工作，就是由于复式记账，尤其是借贷记账法的发明和运用。

四、会计车间的工作

借贷记账法是以"借""贷"作为记账符号的复式记账法。借贷记账法下，基本的会计处理流程是：经济业务—填制记账凭证—登记账簿—编制报表。

如果我们把会计对经济业务的记录和加工过程看作一个车间的生产过程，那么借贷记账法就是其中的核心技术，其特点主要体现在记账符号、账户设置、记账规则和试算平衡等方面。

（一）记账符号

借贷记账法的记账符号就是"借"和"贷"，它们与具体的账户相结合，可以表示不同的意义。

第一，所有账户都需要设计左右两边记录增减变化，在简化的 T 型账户中，左边称作借方，右边称作贷方。

第二，与不同类型的账户结合后表示增加或减少。"借"和"贷"本身只是一种符号，不代表"增"或"减"，只有与具体类型的账户结合以后，才可以表示增加或减少。对资产、负债和所有者权益要素，"借"用来表示资产的增加和负债、所有者权益的减少，"贷"用来表示负债、所有者权益的增加和资产的减少。对收入、费用和利润要素，"借"用来表示费用的增加和收入、利润的减少，"贷"用来表示费用的减少和收入、利润的增加。

第三，表示余额的方向。通常，资产、负债和所有者权益类账户期末都会有余额。其中，资产类账户的正常余额在借方，负债和所有者权益类账户的正常余额在贷方。

（二）会计科目和会计账户

经济业务的发生必然引起会计要素的变化，但会计要素一共只有六项，如果只用会计要素笼统记录经济业务，信息会过于粗糙简略，按一定标准对会计要素分类的具体项目，称为"会计科目"。比如，将资产要素进一步分类为库存现金、银行存款、应收账款、应收票据、其他应收款、原材料、库存商品、长期股权投资、固定资产、无形资产等项目，就有了库存现金、银行存款等会计科目。会计科目实际上就是对会计要素及其内容进行细分的结果。

为了让会计科目的变动以一定的方式呈现，就需要有载体，这个载体就是"会计账户"。会计账户是用来记录经济业务及其引起的会计要素具体内容变动情况的一种工具，例如，为了反映库存现金的增减变动情况及其现时持有数量，就要设置库存现金账户，并在此账户中进行记录。

理论上，会计科目与会计账户存在差别。会计科目是对会计要素的具体内容进行科学分类的项目名称，会计账户作为一种记录会计要素的具体内容及其变化情况的工具，具有特定的结构和物质形式，不仅仅是分类的结果。

实务中，会计账户是按照会计科目来设立的，这使得会计科目仅仅以账户的名称出现。有什么会计科目，就会有什么会计账户。因此，我国会计实务中并未严格区分会计科目与会计账户的概念，二者甚至是混用的。

为了把会计要素内容的细分延伸至不同层面，在会计实务中，企业往往会设置两个甚至更多层次的会计科目，即总分类科目和明细分类科目，或者总分类科目、二级科目和明细分类科目。

总分类科目（或者称一级科目）：对会计要素的再分类，如固定资产、原材料等。

明细分类科目（或者称二级科目、三级科目等）：对总分类科目的进一步分类（包括对总分类科目的第二次分类、第三次分类等），如A材料、B材料等。

总分类账户与明细分类账户与会计科目是类似的，总分类账户与其所属明细分类账户是一种控制与被控制、总括与详细的关系。总分类账户对其所属明细分类账户起控制作用，提供总括的会计信息指标；而明细分类账户是总分类账户的细化和具体化，对总分类账户起补充说明作用，提供更为详细的会计信息指标。

总分类账户是企业基本的会计账户，取决于企业经济活动及其资金运动的内容与特征，以会计要素及其内容为直接设立依据。在不同企业，总分类账户的设立具有更多的共性。但明细分类账户的设立却更多地取决于企业内部经营管理的特殊要求，因此，不同企业以及同一企业在不同会计期间，其明细分类账户的设立可能存在一定的差异。

（三）账户结构

确立账户结构的理论依据是会计等式。账户结构的确立是以其在会计等式中的位置来决定的。根据扩展的会计恒等式"资产+费用=负债+所有者权益+收入"，账户可分为等式左边的账户和等式右边的账户，处于等式左边的资产和费用账户，用账户的左方即借方记增加，用右方即贷方记减少，余额一般在借方；处于等式右边的负债、所有者权益和收入账户，用账户的右方即贷方记增加，用左方即借方记减少，余额一般在贷方。

所有账户都遵循四柱结算法的原理，即：期末余额=期初余额+本期增加额-本期减少额。各类账户的使用特征如下：

1. 资产类账户

借方登记资产的增加额，贷方登记资产的减少额。期末为借方余额，表示期末资产的实有数额（见图9.4）。

借方	资产账户	贷方
期初余额　××× 本期增加额　×××	本期减少额　×××	
本期借方发生额　××× 期末余额　×××	本期贷方发生额　×××	

图 9.4　资产类账户的使用特征

2. 负债类账户

贷方登记负债的增加额，借方登记负债的减少额。期末为贷方余额，表示期末负债的实有数额（见图9.5）。

借方	负债账户	贷方
本期减少额　×××	期初余额　××× 本期增加额　×××	
本期借方发生额　×××	本期贷方发生额　××× 期末余额　×××	

图 9.5　负债类账户的使用特征

3. 所有者权益类账户

贷方登记所有者权益的增加额，借方登记所有者权益的减少额。期末为贷方余额，表示期末所有者权益的实有数额（见图9.6）。

借方	所有者权益账户	贷方
本期减少额 ×××	期初余额 ××× 本期增加额 ×××	
本期借方发生额 ×××	本期贷方发生额 ××× 期末余额 ×××	

图 9.6　所有者权益类账户的使用特征

4. 成本类账户

成本类账户在基本结构上与资产类账户是一致的，不同的是成本类账户主要记录产品的情况，其成本的发生最终将转化为企业资产的增加，因而在期末时，对已形成企业资产的成本要从成本账户转到有关资产账户，以表示资产的增加，所以成本类账户的结构和核算内容与资产类账户相比有一定的区别。

成本类账户的结构是：借方登记成本的增加额，贷方登记成本的转出额。在每一个会计期末，将借方发生额与贷方发生额相比较：如果已发生的所有成本均转为资产，则成本类账户期末没有余额；如果尚有一部分成本没有转为资产，则会有借方差额，称为期末借方余额，表示期末尚未转为资产的成本数额（见图9.7）。

借方	成本账户	贷方
期初余额　××× 本期增加额　×××		本期转出额　×××
本期借方发生额　××× 期末余额　×××		本期贷方发生额　×××

图 9.7　成本类账户的使用特征

5. 损益类账户

收入和费用作为反映企业损益的账户，从其设置目的来看，是一个分类核算企业经营过程中各项损益的过渡性账户。为了在期末对收入和费用进行配比以计算当期利润，在期末时，要将所有本期实现的收入从收入类账户转入反映利润的账户，表示所有者权益的增加；而所有本期发生的费用也要从费用类账户转入反映利润的账户，表示所有者权益的减少。因而损益类账户的特征是：期末结转利润后，损益类账户没有余额。

收入类账户的结构是：贷方登记收入的增加额，借方登记收入的转出额。在每一个会计期末，将收入的发生额从借方转出，期末结转后收入类账户无余额（见图 9.8）。

借方	收入账户	贷方
本期转出额　×××		本期增加额　×××
本期借方发生额　×××		本期贷方发生额　×××

图 9.8　收入类账户的使用特征

费用类账户的结构是：借方登记费用的增加额，贷方登记费用的转出额。在每一个会计期末，将费用的发生额从贷方转出，期末结转后费用类账户无余额（见图9.9）。

借方	费用账户	贷方
本期增加额 ×××		本期转出额 ×××
本期借方发生额 ×××		本期贷方发生额 ×××

图 9.9 费用类账户的使用特征

根据以上对各类账户结构的说明，借贷记账法账户的结构归纳如图9.10所示。

借方	账户名称	贷方
资产的增加		资产的减少
费用的增加		费用的转出
负债的减少		负债的增加
所有者权益的减少		所有者权益的增加
收入的转出		收入的增加

图 9.10 借贷记账法账户的结构

（四）记账规则

借贷记账法遵循"有借必有贷，借贷必相等"的记账规则，即每一项需要记账的经济业务，必须同时记入两个或两个以上相互联系的账户，一个账户记在借方，另一个账户记在贷方，并且借贷双方的金额必须相等。

会计恒等式表明，经济业务发生后尽管会引起等式左边或右边，或者左右两边的会计要素变化，但是其恒等关系始终成立，经济业务不会打破会计恒等式的平衡关系。从简单的数量关系对比来看，经济业务如果不打破会计恒等式的平衡关系，必定符合下列四种方式中的一种：①等式两边同时增加一个等量；②等式两边同时减少一个等量；③等式左边一增一减一个等量；④等式右边一增一减一个等量。由具体的借贷记账法，我们可以推导出这样几条规则：

第一，任何经济业务都会同时导致至少两个账户发生变化。或者说，交易或事项发生后，应同时在至少两个账户中相互联系地进行记录。这也是复式簿记方法的内在要求。

第二，所记入的账户可以是等式同一方向，也可以是不同方向。每一项交易或事项发生后，必须至少记入一个账户的借方和另一个账户的贷方。如果某项交易或事项同时涉及三个以上账户，至少要在一个账户的借方和另一个账户的贷方进行登记（可以一个借方、多个贷方，或一个贷方、多个借方，尽可能少用或不用多个借方、多个贷方，以避免破坏账户之间的对应关系）。总之，有借必有贷。

第三，所记入两个账户的金额，借方和贷方必须相等。本期发生的全部交易或事项在进行正常的处理后，记入所有账户借方的发生额合计，应当等于记入所有账户贷方的发生额合计，即借贷必相等。

如果把上述三条记账规则用最简洁的语言表述，就是"有借必有贷，借贷必相等"。

（五）会计分录

借贷记账法的基本步骤是先根据经济业务做成会计分录，然后根据会计分录记入账户。所谓会计分录，是指对每项经济业务都按复式记账的要求，分别列示出应借、应贷账户及其金额的一种记录。会计分录分为简单会计分录和复合会计分录。在会计分录中，借贷双方账户的这一对立统一关系称为账户的对应关系，它们彼此称对方的账户为对应账户。

简单会计分录是指一借一贷的会计分录，其格式如下：

借：×××科目　　　　　　金额
　　贷：×××科目　　　　金额

复合会计分录，一般是指一借多贷或一贷多借的会计分录。除纯粹属于会计上的结转分录外，最好避免做成多借多贷的会计分录。复合会计分录的格式如下：

借：×××科目　　　　　　金额
　　贷：×××科目　　　　金额
　　　　×××科目　　　　金额
借：×××科目　　　　　　金额
　　×××科目　　　　　　金额
　　贷：×××科目　　　　金额

一个初学者在编制会计分录时，应当按照以下步骤进行：

第一，对所要处理的经济业务，判断其究竟引起了哪些账户变化；第二，判断这些账户的性质，即它们各属于什么会计要素，位于等式的左边还是右边；第三，确定这些账户受影响的方向，即是增加还是减少；第四，根据这些账户的性质和增减方向，确定究竟是借记还是贷记；第五，根据会计分录的格式要求，编制完整的会计分录。

实务中编制会计分录是通过填制记账凭证来完成的。

（六）登记账户

企业发生的经济业务，需要编制会计分录，然后根据会计分录登记账户。虽然总分类账户提供的总括指标统驭着明细分类账户，但在账务处理上，它们是平行的关系，应当平行登记。

所谓平行登记，就是指记入总分类账户和明细分类账户的资料，都以会计凭证为依据，而且当根据会计凭证在总分类账户和明细分类账户中记录经济业务时，必须独立地、互不依赖地进行。通过平行登记，再相互核对，就能保证总分类账户的记录与明细分类账户的记录形成统驭和被统驭的关系，也才能及时检查错误和更正错误。平行登记的要点：时期相同、方向一致、金额相等。

账户平行登记的结果是：

总分类账户期初余额=所属明细分类账户期初余额之和

总分类账户本期借方发生额=所属明细分类账户本期借方发生额之和

总分类账户本期贷方发生额=所属明细分类账户本期贷方发生额之和

总分类账户期末余额=所属明细分类账户期末余额之和

在手工记账条件下，平行登记体现为一笔经济业务在不同层级的会计账户中重复登记。为了便于核对验证，不同层级的会计账户往往由不同的人员进行记录。现在，绝大多数经济单位的账务处理都是通过信息化的方式完成，平行记账仅仅体现为在会计软件中点击一下"记账"按钮。

（七）试算平衡

根据会计恒等式和借贷记账法的记账规则，账户中的金额必然形成以下两个平衡公式：

全部账户的借方发生额合计=全部账户的贷方发生额合计

全部资产类账户余额合计=全部负债类账户和所有者权益类账户余额合计

借助借贷记账法自动平衡的机制，可编制试算平衡表进行试算平衡。试算平衡表实际上有两个作用：验证本期所有经济业务在做成会计分录并过入账户后借贷金额是否相等，从而检查日常核算资料的正确性和完整性；为编制资产负债表和损益表等提供基本的会计资料。

通过编制试算平衡表并结合已有的会计分录和账户资料，可发现下列错误：会计分录中一方金额记错、一方金额遗漏记载或重复记载；过入账户的一方金额过错、一方方向过错，或把会计分录中一方遗漏、重复记载过入账户；账户借方或贷方合计数计算错误，以及在账户借方和贷方两个合计数相减时计算错误；等等。但是，也有一些错误是不能通过试算平衡表予以发现的，例如会计分录中借贷双方全部漏记、全部重记、方向颠倒、用错账户等。

在会计信息化条件下，试算平衡已经大为简便，只需在会计软件上点击两下即可完成。而且，由于在填制凭证的过程中会计软件会对借贷平衡进行自动控制,试算平衡已经不需要再单独执行。

确认账簿记录无误后,账务的记录过程就完成了,在此基础上,就可以编制财务报表,形成会计工作成果了。

五、老王五金店的账务

老王看到家附近一个大型楼盘最近接房了,很多业主在着手装修,一些五金物品用量较大,于是在小区楼下租了门店,准备开五金店。现在信息技术很发达,像老王这样的五金店,管理货品可以使用库存管理系统,收取货款可以使用收银系统或者支付宝、微信等移动支付方式,但是记账的方法却还停留在原始的单式记账法上,靠在本子上写写画画做账务记录。现在,我们试着用借贷记账法来帮老王做账务处理。

老王五金店20××年10月发生下列经济业务:

(1) 10月1日,老王将现金50000元存入银行作为五金店启动资金。

50000元现金属于老王的个人资产,将其存入五金店专用账户是对五金店的投资。此项经济交易发生后,五金店银行存款增加50000元,应记入银行存款账户的借方;同时,老王在五金店的所有者权益增加50000元,应记入实收资本账户的贷方。会计分录如下:

借:银行存款　　　　50000
　　贷:实收资本　　　　　50000

(2) 10月1日,支付一个季度的门店租金,每月2000元,共计6000元,以银行存款付清。

老王支付未来三个月的门店租金属于预付,尚未实际消耗,五金店的预付账款资产增加6000元,应记入预付账款账户的借方;同时,银行存款减少6000元,应记入银行存款账户的贷方。会计分录如下:

借:预付账款　　　　6000
　　贷:银行存款　　　　　6000

(3) 10月10日，向银行取得一年期借款100000元。

五金店的银行存款增加100000元，应记入银行存款账户的借方；同时，短期借款增加100000元，应记入短期借款账户的贷方。会计分录如下：

借：银行存款　　　　　100000
　　贷：短期借款　　　　　100000

(4) 10月11日，采购货品一批，总价值80000元，约定月底支付货款。

五金店的库存商品资产增加80000元，应记入库存商品账户的借方；同时，负债增加80000元，应记入应付账款账户的贷方。会计分录如下：

借：库存商品　　　　　80000
　　贷：应付账款　　　　　80000

(5) 10月20日，用银行转账支付水电费、物管费600元。

此项经济业务发生后，五金店的费用增加600元，应记入管理费用账户的借方；同时，银行存款资产减少600元，应记入银行存款账户的贷方。会计分录如下：

借：管理费用　　　　　600
　　贷：银行存款　　　　　600

(6) 10月20日，销售货物20000元，该批货物的成本是16000元，由于是大客户，老王同意对方3天后付款。

此项经济业务发生后，货物销售出去形成费用，费用增加16000元，应记入主营业务成本账户的借方；同时，货物减少16000元，应记入库存商品账户的贷方。另外，货物销售出去实现收入20000元，应记入主营业务收入账户的贷方，由于对方未当即付款，形成应收账款资产20000元，应记入应收账款账户的借方。会计分录如下：

借：主营业务成本　　　　16000
　　贷：库存商品　　　　　16000
借：应收账款　　　　　20000
　　贷：主营业务收入　　　20000

133

(7) 10 月 23 日,收到赊销的 20000 元货款,已经存入银行。

此项经济业务发生后,银行存款增加 20000 元,应记入银行存款账户的借方;同时,资产中的应收账款减少 20000 元,应记入应收账款账户的贷方。会计分录如下:

借:银行存款　　　　　20000
　　贷:应收账款　　　　　20000

(8) 10 月 31 日,经统计,本月共通过现金销售货物 30000 元,对应的成本为 25000 元。

此项经济业务发生后,货物销售出去形成费用,费用增加 25000 元,应记入主营业务成本账户的借方;同时,货物减少 25000 元,应记入库存商品账户的贷方。另外,货物销售出去实现收入 30000 元,应记入主营业务收入账户的贷方,现金增加 30000 元,应记入库存现金账户的借方。会计分录如下:

借:主营业务成本　　　25000
　　贷:库存商品　　　　25000
借:库存现金　　　　　30000
　　贷:主营业务收入　　30000

(9) 10 月 31 日,老王将本月收取的 30000 元现金销售款存入银行。

现金存入银行后,银行存款增加 30000 元,应记入银行存款账户的借方;同时,现金减少 30000 元,应记入库存现金账户的贷方。会计分录如下:

借:银行存款　　　　　30000
　　贷:库存现金　　　　30000

(10) 10 月 31 日,以银行存款支付所欠货款 80000 元。

负债中的应付账款减少 80000 元,应记入应付账款账户的借方;同时,银行存款减少 80000 元,应记入银行存款账户的贷方。会计分录如下:

借:应付账款　　　　　80000
　　贷:银行存款　　　　80000

(11) 10 月 31 日，门店已租用 1 个月，应摊销当月租金 2000 元。

摊销门店租金，费用增加 2000 元，应记入管理费用账户的借方；同时，预付账款减少 2000 元，应记入预付账款账户的贷方。会计分录如下：

借：管理费用　　　　2000
　　贷：预付账款　　　　2000

(12) 10 月 31 日，将费用类账户发生额结转到本年利润科目。

主营业务成本、管理费用为费用类账户，从贷方进行结转，同时记入本年利润账户的借方。会计分录如下：

借：本年利润　　　　43600
　　贷：主营业务成本　　　　41000
　　　　管理费用　　　　2600

(13) 10 月 31 日，将收入类账户发生额结转到本年利润科目。

主营业务收入为收入类账户，从借方进行结转，同时记入本年利润账户的贷方。会计分录如下：

借：主营业务收入　　　　50000
　　贷：本年利润　　　　50000

会计分录填制完毕后，还要将老王五金店 10 月发生的经济业务登记到账户中（简化的 T 型账户）（见图 9.11）。从本年利润账户可以看到，老王五金店 10 月共赚取利润 6400 元。

库存现金	
(8) 30000	(9) 30000
0	

(a)

银行存款	
(1) 50000	(2) 6000
(3) 100000	(5) 600
(7) 20000	(10) 80000
(9) 30000	
113400	

(b)

应收账款	
(6) 20000	(7) 20000
0	

(c)

预付账款	
(2) 6000	(11) 2000
4000	

(d)

库存商品	
(4) 80000	(6) 16000
	(8) 25000
39000	

(e)

管理费用	
(5) 600	(12) 2600
(11) 2000	
0	

(f)

短期借款	
	(3) 100000
	100000

(g)

应付账款	
(10) 80000	(4) 80000
	0

(h)

主营业务成本			主营业务收入	
（6） 16000	（12） 41000		（13） 50000	（6） 20000
（8） 25000				（8） 30000
0				0
（i）			（j）	

实收资本			本年利润	
	（1） 50000		（12） 43600	（13） 50000
	50000			6400
（k）			（l）	

图 9.11　20××年 10 月经济业务 T 型账户

第 10 章

财务报告：会计的产品

通用财务思维：
人人都该懂财务

一、认识财务报告

每天，各类组织的会计们低头忙碌，对单位发生的经济业务进行原始凭证的收集、整理，然后编制会计凭证、登记账簿。会计们的工作如果只做到这一步，经济业务的信息仍然散落在各个会计账户中，无法看出经济主体的总体经营和财务情况。就像制造一张桌子，桌面和桌腿仍然散落在各处，尚未形成整张桌子的形状。为了反映经营活动的全貌，会计们需要对会计账簿中的信息进一步加工，生成财务报表，以更加精练概括的形式将经营情况展示出来。在一些情况下，为了更进一步涵盖完整信息，还需要编制财务报告。

财务报表或称会计报表是财务报告的主要组成部分，但财务报告不等同于财务报表。财务报告是企业揭示并传递经济信息的重要手段，也称为财务会计报告。财务报告反映的是完整的经济活动信息，具有相对完整的报告体系框架。从构成看，财务报告包括财务报表和其他应在财务报告中披露的相关信息。

财务报表是财务报告的主要内容，是对企业财务状况、经营成果和现金流量的结构性表述，一般以文字和表格的形式呈现。所谓结构性表述，是指财务报表的表现方式有特定的结构要求。财务报表至少应包括资产负债表、利润表、现金流量表、所有者权益变动表、附注等部分。

资产负债表反映的是财务状况，是指企业在特定时点的资产规模与结构、产权关系及权益构成的基本状况。比如，有多少资产，资产由哪些项目构成；有多少负债，负债又是怎么构成的。资产负债表主要表明企业在期末拥有多少资产，欠供应商、金融机构等多少外债，股东投入了多少钱，企业中有多少钱是股东的。通过资产负债表可以判断一家企业经营的稳健性。

利润表反映的是经营业绩，即经营成果，是指企业在一定期间所发生的费用、取得的收入以及实现的利润或出现的亏损，表明企业的盈利情况。比如，这个月卖了多少货物，发生了多少开支，是赚了还是亏了。通过利润表可以看到企业的盈利能力和未来的获利趋势。结合资产负债表，可以分析出企业的运营效率，如资产周转率、存货周转率等重要指标。

现金流量表反映的是现金流情况，是指企业在经营、投资和筹资等活动中形成的现金流入与现金流出及现金净流量情况，表明企业的财务能力。比如，手里现在有多少资金，这些资金是靠卖货物得来的还是借来的，是否存在资金链断裂的风险。

所有者权益变动表反映的是构成所有者权益的各部分的当期增减变动情况。比如，所有者权益总量变动，利润分配、盈余公积等内部增减变动的结构性信息等。

附注是对资产负债表、利润表、现金流量表和所有者权益变动表中列示项目的描述和解释，以及对未能在这些报表中列示的项目的说明等。

当我们看待一个经济主体的财务状况时，需要通过这些报表来全面判断，否则就会出现判断偏差。

一个姑娘看到一个小伙子有很多资产，在其他方面都还满意的情况下，满心欢喜地嫁了过去。结果发现小伙子的资产90%都是借来的，之后需要偿还，姑娘后悔不已。这是在资产负债表层面对小伙子的了解。

随着了解加深，姑娘发现小伙子虽然目前负债较多，但是工作勤奋，赚钱能力挺强，每个月能挣几万元，而且生活节俭，于是稍微松了口气。这是在利润表层面对小伙子的了解。

再后来，姑娘又发现小伙子虽然挣钱较多，生活开支也少，但是迷上了理财，投资了很多虚拟货币项目，由于虚拟货币崩盘，投进去的钱基本收不回来了。姑娘稍微放下的心又悬了起来。这是在现金流量表层面对小伙子的了解。

经过沟通，小伙子同意以后再也不投资这些项目了，安心通过工作赚钱、存钱，姑娘觉得日子又有奔头了。到了年底，小伙子将其存款的80%交给了母亲，向"股东"分红，以报答养育之恩。姑娘顿时觉得白高兴了一场。这是在所有者权益变动表层面对小伙子的了解。

与经济主体的财务报告类似，国家、协会、非正式组织等也可以编制

"财务报告",只不过,这类主体的"财务报告"的构成项目会包括一些非经济要素,比如政治、科技、文化、教育、人口、环境等。同样地,一个自然人在健康、感情、事业、安全等方面的情况也可以编制成"财务报告"。通过"财务报告",这些主体既可以看到某一时点的资产、负债和所有者权益情况,也可以看到某一个期间里发生的变动。

从编制周期看,财务报表可以分为中期财务报表和年度财务报表。凡是短于一个完整会计年度期间编制的财务报表都可以称为中期财务报表,比如月报、季报、半年报,甚至可以根据经营管理需要,以任何时间周期(比如一星期)编制财务报表。

热恋期间的情侣有说不完的话,一天发生的每件事情都要互相分享,这是在按天编制财务报表;随着荷尔蒙分泌的减少,双方交流的频率开始降低,财务报表的编制周期逐渐变成了三天、一周、一个月……

《中华人民共和国会计法》(简称《会计法》)规定,会计年度自公历1月1日起至12月31日止。但是如果企业在年度中间设立,在编制年度财务报表时就会出现涵盖期间短于一年的情况。财务报表的报告期间是重要事项,人们常常需要对财务报表进行比较分析,需注意,具有关联的报告期间才具有可比性。比如,一家企业在2022年12月1日设立,在比较2023年和2022年财务数据的时候就需要加以调整,而不能直接比较,否则就会得出错误的结论。

会计人员在与一些炒股的朋友讨论盈亏问题时,有时候也会遇到沟通障碍。我们来看这样一个场景:

甲(会计专业人士):老兄,今年炒股赚了不少啊?

乙(非会计专业人士):没有赚钱啊,去年亏得太多了。

甲:这个……我问的是今年,不用管去年的事情。

乙:因为去年亏太多了,到今年还是亏的啊。

甲:这样说吧,从今年1月1日起算,到现在为止应该赚了吧?

乙:这样算是赚了点,但是去年亏太多,总体还是亏的啊。

甲、乙两人之所以出现这样的沟通障碍,就是由于对报表编制周期的认识不同。在甲看来,每一个年度开始应该重新计算盈亏,而在乙看来,从炒股开始应该一直累计盈亏。由于乙没有遵循会计语言的语法规则，两个人在不同语境下进行的沟通自然不够顺畅。

从编制主体看，财务报表可以分为个别财务报表和合并财务报表。个别财务报表在单个企业账簿记录的基础上编制而成，只反映单个企业的情况；合并财务报表以母公司和子公司组成的企业集团为主体编制，反映企业集团的情况。在查看企业财务报表时，应注意区分编制主体。

我们经常听到这样的说法：一对夫妻持有两套房子，夫妻双方的父母也各持有两套房子，以后这对夫妻的孩子将有六套房子，这么多的房子卖给谁呢？这对夫妻和双方父母各持有两套房子，这是从个别财务报表的角度看问题；孩子将来持有六套房子，则是从合并财务报表的角度看问题。

二、财务报表体系

现行财务报表由资产负债表、利润表、现金流量表、所有者权益变动表等构成，这几张报表分别反映了经济主体的不同方面，它们之间看似相互独立、自成一体，但实际上并不是这样。在这几张报表中，资产负债表是根本，其他报表是资产负债表中一些项目的扩展延伸。如果把资产负债表看作鸟的身体，其他报表就是鸟的翅膀，现行财务报表是一个一体多翼的体系。

财务报表最早出现在中国。《周礼》中记载，司会"以参互考日成，以月要考月成，以岁会考岁成"。当时掌管全国会计的官员即要求地方政府定期呈报日报、月报、年报，这些就是早期的财务报表。就复式记账法下的财务报表而言，它经历了单一表式、两表式、三表式、四表一注的演进历程。

资产负债表是最早出现的财务报表，一直到20世纪30年代都处于主导地位。

资产负债表实质上是对静态会计等式的细化。复式记账记录的是经济业务发生后对六大会计要素的影响，不论何种经济业务，其发生都不会改变"资产=负债+所有者权益"这个等式关系。如果我们把一家企业的资产、负债、所有者权益总额分左右两边列示出来,就是一个最简单的资产负债表。但是,这样的资产负债表过于简单,不便于报表使用者理解企业的财务状况,比如,资产、负债、所有者权益具体由哪些项目构成没有反映出来,因此,就需要把它们做一定程度的细化,然后把资产列示在左边,把负债和所有者权益列示在右边,左右两边的合计仍然相等,这就成了真正的资产负债表。

我们可以通过一张简化的资产负债表来了解其大概结构,如表 10.1 所示。

表 10.1 资产负债表(简表)

编制单位: 　　　　　　20××年 12 月 31 日　　　　　　单位:万元

资产	期末余额	期初余额	负债和所有者权益	期末余额	期初余额
货币资金			应付账款		
应收账款			短期借款		
存货			长期借款		
流动资产合计			负债合计		
固定资产			实收资本		
无形资产			资本公积		
非流动资产合计			未分配利润		
			所有者权益合计		
资产总计			负债和所有者权益合计		

资产负债表反映了编制时点的财务状况,将其与期初数据对比,可以得出各类资产、负债和所有者权益的变化情况。比如,用 2023 年 12 月 31 日的未分配利润减去 2022 年 12 月 31 日的未分配利润,即可得出 2023 年未分配利润的增加数,在当年没有进行利润分配的情况下,这个增加的金额就是 2023 年获得的利润。因此,通过资产负债表不同期间的数据对比,

能够了解一个经济主体在相应期间的经营情况。但是,通过这种方式只能得知大致的经营情况,很多细节无从知道。

非经济方面的资产负债表也是类似的,以一个人的健康财务报表为例,如果只编制资产负债表,我们就只能看到他在某个时点的身体和心理一些项目的健康状况,但具体发生了哪些变化却无从得知。

19世纪中叶,随着经济的发展和有限责任公司的出现,所有权与经营权出现分离,企业投资人不参与企业的日常经营,但迫切需要了解企业经营的盈亏情况。在复杂的生产经营活动下,单凭对比计算期末所有者权益与期初所有者权益来计算盈亏已经不够。另外,所得税法的发展也要求企业能够计算出准确的收入和费用情况,于是利润表应运而生。到20世纪20年代,英国和美国已经有很多企业在编制利润表了。

利润表的编制原理是"利润=收入−费用"。这个动态会计等式反映了企业在一段期间的经营成果。当我们把收入、费用、利润三个数据分别列示出来时,就可以看作最简单的利润表。但是,这三个动态会计要素还有一些具体构成项目,通过动态会计等式反映的最简单的利润表无法显示其构成情况,因此需要进行适当细化。

我们可以通过一张简化的利润表来了解其大概结构,如表10.2所示。

表10.2 利润表(简表)

编制单位: 20××年 单位:万元

项目	本期金额	上期金额
一、营业收入		
减:营业成本		
税金及附加		
销售费用		
管理费用		
财务费用		
资产减值损失		

续表

项目	本期金额	上期金额
加：投资收益		
二、营业利润（亏损以"-"号填列）		
加：营业外收入		
减：营业外支出		
三、利润总额（亏损总额以"-"号填列）		
减：所得税费用		
四、净利润（净亏损以"-"号填列）		

由于利润是投资人的，利润表项目的变化最终会体现在资产负债表的所有者权益相应内容中，在不考虑提取盈余公积等事项时，主要体现在未分配利润的变化上，即：期末未分配利润-期初未分配利润=本期净利润。因此，我们可以把利润表理解为对资产负债表中未分配利润变动额的扩展细化。

如果给一个人编制健康利润表，我们就能够看到他在健康方面取得的收入和发生的费用情况，比如，他可能在肌肉健康方面因为积极锻炼获得了一些利润，但在心肺健康和心理健康方面由于环境污染和焦虑等出现了一些亏损，这些变化最终都会体现在他的健康资产负债表中，对他的健康所有者权益产生综合性的影响。

企业经营范围和规模进一步扩大后，对资金的需求日益增加，筹资手段开始多样化、复杂化，投资活动也变得频繁起来。筹资活动和投资活动同样影响企业的财务状况和经营成果，但资产负债表和利润表都不能反映这些活动带来的资金变动过程，于是现金流量表出现了。

企业的资金变动可能由三类情况引发，一类是日常经营活动，一类是筹资活动，还有一类是投资活动。虽然通过对比资产负债表中期末与期初货币资金变动可以了解企业的资金增减情况，但却无法知道是哪类活动的影响，每类活动的影响分别有多大，现金流量表则可以把这些信息详细揭示出来。我们可以把现金流量表理解为对资产负债表中货币资金变动情况的细化说明。

资产负债表与现金流量表存在以下关系：

资产负债表中现金及现金等价物期末余额与期初余额之差＝现金流量表中现金及现金等价物净增加额

其中，资产负债表中现金及现金等价物很多情况下就是资产负债表中的货币资金。

另外，现金流量表与资产负债表、利润表还有一些更复杂的内在联系。比如，利润表中的净利润通过加减资产负债表中的应收应付等项目可以得出现金流量表中的项目金额。

我们可以通过一张简化的现金流量表来了解其大概结构，如表 10.3 所示。

表 10.3 现金流量表（简表）

编制单位： 20××年 单位：万元

项目	本期金额	上期金额
一、经营活动产生的现金流量		
经营活动现金流入小计		
经营活动现金流出小计		
经营活动产生的现金流量净额		
二、投资活动产生的现金流量		
投资活动现金流入小计		
投资活动现金流出小计		
投资活动产生的现金流量净额		
三、筹资活动产生的现金流量		
筹资活动现金流入小计		
筹资活动现金流出小计		
筹资活动产生的现金流量净额		

续表

项目	本期金额	上期金额
四、汇率变动对现金及现金等价物的影响		
五、现金及现金等价物净增加额		
加：期初现金及现金等价物余额		
六、期末现金及现金等价物余额		

随着公众公司的大量出现，人们对会计信息披露的要求越来越高，财务报表又发展为目前的四表一注形态，即资产负债表、利润表、现金流量表、所有者权益变动表、附注。

所有者权益变动表反映的是构成企业所有者权益的各部分的当期增减变动情况，是对资产负债表中所有者权益部分的延伸细化。

附注是对前面四张表的补充说明，与四张表列示的项目相互参照，方便使用者更好地理解财务报表。可以说，附注是对四张表的进一步延伸，它依附四张表而存在。

由此可见，资产负债表是根本，其余三张表及附注都是由它衍生出来的，财务报表是一个一体多翼的体系。如果把财务报表体系看成一株树的话，资产负债表就是树干，其他几张报表就是枝权，各张报表中的数字就相当于这株树的叶子。

三、不能停的现金流

一辈子卖瓜的王婆最近遇到一件烦心事。为了让手里的钱增值，王婆去年将钱借给了别人介绍的甲公司，约定月息2%。由于担心对方还不上，借钱之前她还跟随介绍人到甲公司做了现场调查。当时看到企业规模不小，有些设备还是新添置的，车间工人也在紧张有序地生产，一片欣欣向荣的景象。介绍人告诉她甲公司一年利润有上千万元，并且拿出了税务申报表给她看，考虑到这家公司在细分行业有一定的知名度，市面上也经常看到这家公司的产品,于是她将50万元借了出去。可是,王婆收到3个月利息后,对方就不再支付利息了,她到甲公司去了解,车间虽然不像上次那样繁忙,但依然在生产。找老板要钱,老板只是无奈地表示因为有一大笔账款没有收到,只能过段时间再支付利息。可一年后,对方还是没有支付利息,本金也没有还。更为糟糕的是,甲公司已经停产了。一年前好好的一家企业怎么就停产了呢?王婆为此非常懊恼。

王婆遇到的这件事其实是企业现金流出了问题。每年利润上千万元、新购设备、忙碌生产代表了甲公司的业务似乎不错。但是,甲公司的问题出现在现金流上,当初采用民间借款的方式是因为现金流,借款利息无法按约定支付是因为现金流,企业停产还是因为现金流。

一家企业的现金流情况通常用现金流量表来体现。现金流量表是反映企业在一定会计期间现金及现金等价物的流入和流出情况的会计报表,它是以现金为基础编制的财务状况变动表,理论依据是"现金流入-现金流出=现金净增加额"这个会计等式。

现金等价物是企业持有的期限短、流动性强、易于转换为已知金额现金、价值变动风险很小的投资,一般是指从购买之日起,3个月到期的债券投资。在现金流量表中,现金及现金等价物被视为一个整体,这主要是从流动性的角度考虑,在对外支付上现金等价物与现金具有几乎一样的功能。

企业一定期间产生的现金流分为三类:经营活动产生的现金流量、投资活动产生的现金流量和筹资活动产生的现金流量。

经营活动是指企业投资和筹资以外的所有经济活动。不同行业的企业经营活动存在一些差异。商业企业主要围绕销售商品而产生系列活动,如进货、支付运费、支付人员工资、销售货物等;金融企业主要围绕资金融通而发生系列活动,如吸收存款、发放贷款、同业拆借等;物业公司则主要围绕物业服务展开系列活动,如收取物业费、采购物业用品、提供物业服务等。

经营活动是企业的主要业务内容,这项活动产生现金流的能力和持续性对企业至关重要,它代表了企业的自我造血能力,各项债务的最终归还都要靠经营活动。这部分现金流产生能力越强，企业的财务基础就越稳固。王婆到债务人甲公司去实地调查时所看到的生产景象就是经营活动，但是后来甲公司的老板告诉她有大笔账款没有收到，说明这家公司经营活动产生现金流的能力很差。需要注意的是，赚钱不等于赚到了现金流。甲公司生产忙碌，如果不是假象的话，很可能会有不少账面利润，但现金流却出现了枯竭。王婆卖瓜的生意属于商贸业务，虽然利润不多，但在多年经营中也积攒了一些现金。

企业的第二类现金流是投资活动产生的现金流量。投资活动是指企业长期资产的构建和不包括在现金等价物范围内的投资及其处置活动。不同行业对投资活动的认定也存在差异，比如，股票买卖产生的现金流量，对于一般企业而言属于投资活动产生的现金流量，但对于证券公司来讲则属于经营活动产生的现金流量。

王婆去甲公司时，看到了新购置的设备，甲公司购置新设备的活动就属于投资活动。投资活动也是企业的一种常见活动，企业设立之初需要购置一些设备、工具甚至厂房，这些都是投资活动。在正常生产经营以后，如果要扩大规模或者对设备进行升级改造，也会发生投资活动。另外，现代企业收购兼并是一种常见现象，这也是投资活动。投资活动对于企业扩大规模、扩展业务范围、获取投资收益等具有重要意义。

王婆本来有一个西瓜摊，后来发现卖西瓜利润不错，于是在旁边又增设了一个西瓜摊，新增设的西瓜摊对于王婆来说就是一项投资活动，如果新增设的西瓜摊生意也不错，那么王婆的收益将大为增加。可见，通过投资扩大规模对利润的提升有着重要作用。此外，王婆将多年积累的资金投给甲公司，这也属于一种投资活动，但钱投出去了难以收回，这笔投资带来的现金流成了负数，以至于西瓜摊每天的进货量也要压缩，这就是投资活动对经营活动带来的负面影响。

企业还有一类现金流是筹资活动产生的现金流量。筹资活动是指导致企业资本及债务规模和构成发生变化的活动，比如，吸收新的投资、向银行借款、发行股票等都属于此类，这些筹资活动会产生正现金流，而归还借款、支付利息等则会带来负现金流。甲公司向王婆借款就是一种筹资活动,王婆将50万元借给甲公司,甲公司发生筹资活动产生现金流入;甲公司支付王婆利息,则发生筹资活动产生利息支出。尽管甲公司可以通过向张大妈借款来偿还王婆的借款,但是张大妈的钱以后也需要归还,筹资中的借款活动产生的现金流入最终需要通过另外两类活动产生的现金流来偿还,而筹资中的吸收股东投资则无须偿还。

用三类活动来划分现金流,是为了方便理解现金流。一家企业的现金流是否健康,需要将三类现金流结合来看,不同的组合情况代表着不同的企业状况。比如,一家企业的经营现金流、投资现金流和筹资现金流都为正数,说明这家企业本身能够赚钱,投资也贡献了现金流入,同时还向别人做了筹资,这家企业可能在筹备一个大规模的投资事项;一家企业经营现金流和筹资现金流为正,投资现金流为负,说明这家企业能赚到钱,但是赚到的钱用于对外投资,并且还不够用,需要筹资,就像一个人收入水平不错,看到房价有上涨的趋势,于是通过借款买了几套房子;而甲公司的情况则很可能是三类现金流都不够理想。

任何经济主体的现金流动都可以分为三类,比如,人们的日常工作是经营活动,投资理财是投资活动,向银行借款是筹资活动。家庭的现金流同样重要,如果一个人有几套房子,但是手里却没有周转资金,衣食住行都成问题,就不得不贱卖房产;如果贷款还不上,就会因断供被银行收走房产。

现金流就像人体流动的血液,一刻也不能停止。人的血管一旦梗塞,如果不及时救治,就会丧失生命。亏损不会马上让企业倒闭,但现金流停止会直接让企业"死亡","现金为王"已经广为人知。俗话说,"一分钱难倒英雄汉",现金流不仅对一个人很重要,对国家、地区等经济体来说,同样有着重要意义。在1997年发生的亚洲金融危机中,攻守双方比拼的就是现金流,一旦现金流枯竭,就意味着失败。而香港金融保卫战的胜利,与我国强大的现金流支持是分不开的。

现金流管理的关键在于将三类活动的现金流做好搭配,这样现金流才不至于枯竭,还能取得更多收益。企业日常运营每天都需要花钱,如果没有现金流,很快就会倒闭。有很多企业都是账面上盈利很好,但却走上了破产之路或者被收购。现金流决定了企业能活多久，当看到企业利润巨幅增长时一定要谨慎，那个数字可能只是"纸面富贵"，而非真金白银，真金白银还是要看现金流量表。

四、财务报表质检

作为会计们的劳动成果，财务报表就像会计们生产出来的产品。一件产品出厂通常都会有质检环节，那么财务报表这个产品有没有质检把关呢？答案是有的。

为了符合监管规定、满足股东需要或债权人要求，很多公司的财务报表都需要进行审计，由注册会计师以审计报告的形式出具审计意见。注册会计师出具的审计意见就相当于质检报告，因此，从这个角度来看，审计报告其实是一种质检报告的形式。

像其他质检工作一样，注册会计师对财务报表出具审计意见并不能天马行空、随意发挥，而是要遵循一定的规则。对中国企业来讲，这个规则主要是《中国注册会计师审计准则》。在审计报告中一般都会出现这样的表述：我们按照《中国注册会计师审计准则》的规定执行了审计工作。审计报告中"注册会计师对财务报表审计的责任"部分进一步阐述了审计师在这些准则下的责任。

注册会计师审计虽然名义上是受股东等相关利益主体委托，但实际上很多时候由被审计单位付酬和接待，我们常见到的上市公司年报里面的审计报告就是这种情况。而且，会计师事务所之间的业务竞争非常激烈，既然是这样，那么注册会计师出具的审计报告可不可靠呢？这主要取决于注册会计师的职业道德和行业监管情况。

审计报告有这样几种意见类型：标准无保留意见、带强调事项段的无保留意见、保留意见、否定意见、无法表示意见，后面四种属于非标准审计意见类型，简称"非标意见"。

（一）标准无保留意见

标准无保留意见，即标准意见，是审计报告中的最高评价。注册会计师表明自己这份意见出得毫无保留，明确肯定。标准意见并不代表注册会计师认为财务报表不存在任何瑕疵，而是在告诉大家：他们没有在财务报表中发现重大问题，在所有重大方面是公允的，财务报表产品质量合格。

不过，标准意见并不是说企业的财务状况很好，只是说从财务报表的角度来讲，符合应遵循的编制基础。至于企业的财务状况到底如何，则要细看财务报表的具体内容和附注。

（二）带强调事项段的无保留意见

这类审计意见对于财务报表的可信赖度仍然是正面的肯定，但有一点点保留。这类意见虽然不同于后三类意见，但应该引起足够重视。就像在对别人做评价时说"这位同志总体上还不错，但是在××方面可以继续提高"。这很可能意味着评价人对被评价对象的认可度很一般，只是出于面子讲话委婉而已。

有些注册会计师为了满足被审计单位的要求，可能会将本该出具保留意见的审计报告用这种意见进行表达。当看到这类审计意见时，应重点看强调事项段中所描述的事项，并考虑是否与自己关注的问题相关。

（三）保留意见

当注册会计师获取了充分、适当的审计证据后，认为错报单独或者汇总对财务报表产生重大影响，但不具有广泛性时，会出具保留意见的审计报告。另外，当注册会计师无法获取充分、适当的审计证据作为形成审计意见的基础，但认为未发现的错报（如存在）对财务报表可能产生重大影响，但不具有广泛性时，也会出具保留意见。

注册会计师出具审计意见前都会与被审计单位沟通，如果沟通的结果还是出具保留意见，那就是双方对某一事项的会计处理或报表列报没有达成一致。

鉴于会计师事务所与被审计单位之间的关系,如果注册会计师出具了保留意见,一般来说问题比较严重,产品只是勉强能用。如果用分数表示的话,那就是低于60分。

(四) 否定意见

当注册会计师认为错报单独或者汇总对财务报表影响重大且具有广泛性时,会出具否定意见。简单来说,否定意见说明注册会计师不认可会计们编制的财务报表,认为财务报表未能从整体上反映被审计单位的财务状况、经营成果和现金流量。

否定意见很明确直接,注册会计师认为财务报表存在重大问题,财务报表质量不合格,披露的数据不可信,属于废品。

(五) 无法表示意见

当审计范围受到限制可能产生的影响非常重大和广泛,且不能获取充分、适当的审计证据,但认为未发现的错报(如存在)对财务报表可能产生重大影响且具有广泛性时,注册会计师会出具无法表示意见。

这类意见就像别人问我们某人如何时,我们回答"不好意思,我不了解他,无法评价"。既然专业的审计人员都无法评价财务报表编制质量的好坏,我们当然也不能采信这样的财务报表提供的数据。

注册会计师作为财务报表的质检人,其职业操守和工作质量有着非常重要的作用。遗憾的是,现实当中屡屡出现注册会计师疏忽大意或与被审计单位串通舞弊的事情,以至于人们看到一份财务报告时,即使它附有"无保留意见"的审计报告,心里还是多少有些疑虑,已然在某种程度上出现了"塔西佗陷阱"。

与企业的财务报表质检类似,人们在其他方面提供的报表也往往会被要求质检。在应聘者提供的简历上,健康状况一栏都会填写"良好",但用人单位对应聘者自己呈现的健康财务报表结论并不完全相信,而是会要求应聘者在入职时提供医院出具的体检报告。医院就是健康财务报表的质检人。

对各类财务报表进行质检并不一定要请会计师事务所、医院等第三方机构。为了验证可靠性，人们总结出来很多办法。比如，秦朝发生的指鹿为马的故事，就是赵高借此检验同僚们"忠诚财务报表"的质量。"听其言，观其行"也是检验财务报表质量的重要方法。一些国家标榜自由、民主等，向世界展现社会文明方面的财务报表，但在实施对内和对外政策时，却往往做着相反的事情，通过"观其行"就可以对其文明财务报表的真实性进行检验。

第 11 章

财务分析:一窥究竟之门

通用财务思维：
人人都该懂财务

一、财务语言下的故事

在喧闹繁华的商业世界里，奔波的上下班人群、轰鸣的产品车间、川流不息的货物运转、天文数字的资金流动……这是各个经济主体孜孜以求的赚钱盛景。那么，在这些景象中到底发生了哪些价值变动？现在是一种什么情况？过去一段时间赚钱了吗？现金流情况又如何？这些是人们更为关心的关键内容。

以企业为例，企业每天都在为获取收入而提供一系列的产品或者服务。为了有可供销售的产品，企业还要获取各种资源来进行产品的生产加工。如果销售收入大于各类费用，那么企业就取得了利润，赚了钱或者创造了价值。除了销售产品和服务，企业也会进行一些投资活动，这些投资活动会带来收益或亏损。持续的盈利会使企业越来越兴旺，不断地实现一个又一个的利润目标；持续的亏损则会使企业的实力日益削弱，直至停产甚至倒闭。这就是一个企业从生到死的故事。

上面的文字只是描述了企业故事的主题和内容梗概，没有讲述具体情节。财务报表是一项伟大的发明，是用特有的财务语言讲述故事的一种方式。在这个故事里，企业的形象和活动会变得丰满和清晰。

无论企业的所有制性质、行业、规模如何不同，也不论取得的经营成就有何差异，所有企业都可以用资产负债表、利润表和现金流量表来描述其财务状况、经营成果和现金流量，都可以把其过去和现状描述清楚，并能一窥未来。

评判一家企业的好坏，必须回答三个问题：①财产状况好吗？即企业的底子如何。②经营盈利吗？即企业目前赚钱的情况如何。③现金流怎么样？即企业过日子手头是否宽裕。资产负债表提供了第一个问题的答案，它告诉了我们企业有多少资产，这些资产的来源是什么。利润表提供了第二个问题的答案，它告诉了我们企业的盈利状况。现金流量表提供了第三个问题的答案。三个问题得到解答后，企业的画像就跃然脑海了。

财务语言对故事的讲述不只适用于企业。在商业世界里，如果我们关注一个经济主体的经营故事，就可以用财务报表来进行画像。比如，我们想要盘点自己的财务情况，如果用文字表达，可能很大一段都无法描述清楚，更无法揭示各个项目之间的关联；而如果用财务报表这种方式讲述，故事的情节很快就清晰可见。

最早的财务报表分析，主要是为银行服务的信用分析。在资本主义发展初期，借贷资本在公司中的比重不断增加，银行家非常关注贷款人的偿还能力，逐步形成了以偿债能力分析为主的有关内容。

资本市场出现后，非银行债权人和股权投资人增加，公众进入了资本市场。投资者要投资一家企业，自然会关心它的经营情况，财务报表分析进一步扩大到为各种投资者服务。投资者关注的信息更为广泛，逐步形成了盈利能力分析、筹资结构分析和利润分配分析等新的内容，发展出比较完善的外部分析体系。

公司组织发展起来以后，企业管理人员为了获得股东的好评和债权人的信任，会注意改善企业的盈利能力和偿债能力，逐步形成财务报表内部分析的内容，使财务报表分析由外部分析扩大到内部分析。内部分析的数据来源更为广泛，既可以使用公开的财务数据，也可以利用预算、成本等内部数据找出管理活动中存在的不足，通过经营管理来改善财务报表。

财务报表充满数字，但它讲述的却是经济活动。我们在阅读财务报表时，不能仅关注数字本身，而要跳出繁杂的数字迷宫，从企业的经营视角去透视财务报表，关注其背后的故事，从而把握经营活动的实质情况，这就是财务分析要做的事情。

财务分析是透过现象看本质的典型应用，是辩证唯物主义方法论的具体实践。报表是现象，分析是看本质。财务分析告诉我们，在看到各种事物呈现的报表时，不要耽于表象，而要进一步深入挖掘底层的信息，这样才能更加深刻地了解事物，进而把握其本质特征和发展规律。就像一位高明的中医，通过望闻问切绘制出病人的健康财务报表，在此基础上还要再进行六经八纲辨证，从而把握病情发展规律和影响因素，这样，病因、病理和对症方剂就自然显现出来了。

二、没有对比就没有伤害

物理学中的运动和静止是相对的,好与坏、穷与富也是相对的。一个普通村庄的首富与村庄村民相比,他的财富数量可能会高出很多,理所应当算作富人,但如果将其与一线城市的居民相比,可能也就是一般中产阶层的水平。

财务报表也是一样。尽管财务报表是企业信息的载体,但它所列示的各类项目的金额孤立地看并没有多大意义,比如,五粮液公司某年净利润为266.90亿元,只看这个数据并不能说明五粮液公司盈利能力的好坏。同样,单独看一家企业某个年度财务报表中所有项目数据,也无法得出好或者坏的结论。当我们说这家企业"好"或者"不好"时,其实是做了比较后得出的结果,这种比较可能是在分析财务报表时用参照数据做的对比,也可能仅仅是与脑子里的经验数据做的比较。

这些被用于比较的数据,可以是评价标准,可以是参照物,也可以只是一个基数。如果比较对象是优秀水平,那么可以看作评价标准;如果是平均水平,那么可以看作参照物;如果是过去某个时期的情况,则可以看作基数。

财务报表分析的比较对象经常有以下几类:

(一)经验标准

经验标准是指依据大量长期的实践检验而形成的标准。比如,根据20世纪70年代以来西方企业的财务管理实践,流动比率的经验标准为2∶1,速动比率的经验标准为1∶1。这个经验标准在以前的财务管理教科书中经常提到,以至于很多那个时代的学生到现在仍在用这个经验标准,这当然是错误的。

经验是滞后的,经验标准不是统一的、一成不变的。在不同的生产力水平和生产组织方式下,经验标准会随之变化。在信息和物流发达的今天，很多互联网平台企业、高科技企业都不再适用传统的流动比率经验标准。即使是商贸企业，存货的数量也明显减少，如果仍然用几十年前的标准，必然会得出错误的结论。

马克思、恩格斯都曾对经验主义做出批判，他们提倡用全面、联系、发展的眼光辩证地看待问题的方法论，恩格斯还为自己根据经验不相信鸭嘴兽是哺乳动物而道歉。中国共产党重视经验的作用，但同时也旗帜鲜明地反对经验主义。毛泽东在《反对本本主义》《实践论》等著作中明确指出，经验主义的要害在于轻视马克思主义理论的指导作用，满足于个人狭隘经验，把局部经验误认为是普遍真理，到处生搬硬套，也否认具体问题具体分析。

（二）历史标准

历史标准是过去某个时期的实践形成的标准，是曾经达到的标准，在没有发生大的变动的情况下，历史标准比较可靠。但是，当情况已经发生重大变化的时候，历史标准就不再可靠。就像一位老人说道："当年我能搬起村西头的磨盘，现在是不行咯！"通过与历史标准进行比较，有助于发现差异、变动，揭示原因，把握趋势和规律。

历史标准可以是历史上最高水平的标准，可以是常规水平下的标准，也可以是多年的平均标准。常用的标准是过去一两年的标准，主要是因为与最近时间相比，环境和情况相似度更高，比较起来更有价值。

在社会快速发展的时期，历史标准的滞后性会体现在方方面面。我国历史上，农作物的生长规律在以千年计的时间周期内几乎没有太大变化，但随着现代农业技术的广泛应用，育种、施肥、除草、杀虫等耕种环节都发生了颠覆性的变化，如果仍用20世纪90年代的农作物产量作为参照标准，就会得出年年大丰收的结论，这显然是不对的。不只农作物是这样，现在人类的饮食特征也发生了重大变化。有的老人带孙子的时候总觉得孩子没有吃饱，担心孩子饿着，那是因为他们参照的是当年自己带儿子时的经验，殊不知，人的身体基础、饮食结构、日常起居都已经发生了变化，以前的情况早已没有了参照意义。

(三) 行业标准

同一行业内的企业有着更多的相似性，这些相似性就是行业的特征。根据行业特征制定的标准就是行业标准。行业标准有助于判断企业在行业中的竞争地位，找出与同行的差距或领先之处，从而明确未来的努力方向。

不过，社会化大生产发展到今天，各经济主体之间的协作更加紧密，一个行业往往又细分出很多子行业，这些子行业处于价值链的不同位置，各具特征。即使只是一个细分行业，也可能非常大，很多细分行业都出现了"独角兽"。在用行业标准进行比较时，要确定双方是具有足够相似的特征的细分行业，而不能是某个大类行业，否则这种比较是没有意义的，就像用村子里的富人与一线城市的富人进行比较一样。况且，现在很多企业都在采用多元化的战略，外部得到的企业信息往往是包含多行业的总体数据，这类数据已经失去了行业共性。

在生活方面，行业标准往往转化成了地区风俗、群体习惯。在川渝地区，"耙耳朵"有一定的社会共性，可以理解为"行业标准"，那么，一个男人怕老婆就没有什么好奇怪的。相反，在一些北方地区，"大男子主义"有一定的社会共性，一个男人怕老婆，就会跟"行业标准"出现偏差，会被人们认为与众不同。

行业标准是一个值得重视的标准，它可以揭示分析对象与行业的差异，从而决定是否要做出调整和改变。但是，行业标准也可能会引发错误判断、冲动决策、矛盾冲突等问题，为避免这些问题，需要具体分析考察对象与行业标准的可比性，同时也要注意行业标准是否恰当。比如，用行业标准来衡量一家初创企业是不合适的，因为两者缺乏足够的可比性。在媒体和舆论的引导下，"过节"在部分女性群体里形成了"行业标准"，当她们觉得自身情况低于这个"行业标准"时，跟配偶的矛盾冲突就产生了，而此时配偶或许还觉得委屈，因为他并不认可这个"行业标准"，仅仅把它当作舆论洗脑的结果。

（四）预算标准

预算标准是一种计划标准，是经济主体自己定的标准。比如，一个家庭年初计划全年实现收入 50 万元，其中上半年实现 20 万元，下半年实现 30 万元。预算标准有助于识别实际经营情况与计划之间的差异，寻求差异原因并进行改善。采用预算标准的主要目的是把握经营情况，辅助日常管理。

预算标准是自己定的标准，是一种期望，通常不会公开，或者只在一定范围内公开。上市公司的公开程度要大一些，我们在上市公司的年报、新闻报道、投资者互动中常常会见到一些类似信息的披露。

预算标准需要注意的是可实现性，不宜过高或过低，恰当的预算标准来源于自知之明，自知之明能够使人清晰地知道自身情况和所处环境，从而避免在认知偏差的情况下制定预算标准。

财务分析的对比标准是多样的。选择哪种标准取决于分析者的关注点、分析目的，也取决于数据的可获得程度。对比分析是重要的财务分析方法，是认识事物的基本方法之一。通过对比，可以看到差距、分出优劣、定出损益，进而做出判断和决策。不过，有时候对比也是麻烦的开始。因为对比会发现差异，进而发现不公，于是心生不满并采取行动。很多公司都实行薪酬保密制度，就是担心员工因比较而引起不必要的麻烦，可见这些公司深知比较分析对决策的影响之大。

三、趋势会延续

财务报表分析的一个基本方法是趋势分析法。趋势分析法是将连续数期财务报表上的有关项目按金额排列，或选用某一年为基期进行比较，计算趋势百分比，从而揭示财务状况和经营成果的变化发展趋势。趋势分析法隐含的假设是企业的发展变化是有惯性的，过去一段时间的变化趋势还会延续，因此可以据此推测未来的情况。

趋势分析法的基础是编制比较财务报表。比较财务报表是将若干期同一企业的财务报表按时间顺序排列而成的报表，可以一目了然地观察各个报表项目在不同时期的状况，是稳步增长、逐渐降低，还是波动不定，从而发现其趋势规律。

现行会计准则下的财务报表就是比较财务报表，只不过只有本期和上期两期而已。白居易有诗云，"试玉要烧三日满，辨材须待七年期"，一般情况下，需要对更长时间范围内的数据进行比较才能更好地把握规律。

比如，一张涵盖6年数据的比较资产负债表（简表）如表11.1所示。

表 11.1 比较资产负债表（简表）

编制单位：甲公司　　　　　　　　　　　　　　　　　　　　　　单位：万元

项目	2018年	2019年	2020年	2021年	2022年	2023年
流动资产	200	220	250	280	300	330
资产总计	600	660	810	850	950	1000
流动负债	100	120	210	180	220	180
长期负债	200	200	200	250	250	300
所有者权益	300	340	400	420	480	520
负债与权益合计	600	660	810	850	950	1000

通过这张比较资产负债表（简表）可以看到，6年来甲公司的资产、负债和所有者权益都稳步增加，公司取得了持续发展，股东价值得以实现。如果没有特殊情况，我们会认为这家公司还会按照这样的态势继续发展，公司总体比较稳健，风险较小。

尽管通过按金额编制的比较资产负债表可以看出某个项目的变化趋势，但不能直观看出其变动程度。为了确定各年的变动程度，还可以编制以百分比表现的比较财务报表。以百分比表现的比较财务报表可以分为两类，一类是横向分析，一类是纵向分析。

横向分析是将两期或数期财务报表的相同项目进行比较分析，除了列出不同期间的金额外，还列出增减变动金额和百分比。将甲公司2018年和

2019年的数据按此法列示（见表11.2）：

表11.2　横向分析比较资产负债表（简表）

项目	2018年/万元	2019年/万元	增减额/万元	增减变化率/%
流动资产	200	220	20	10
资产总计	600	660	60	10
流动负债	100	120	20	20
长期负债	200	200	0	0
所有者权益	300	340	40	13.33
负债与权益合计	600	660	60	10

纵向分析是对同一期间财务报表中不同项目间的关系进行对比分析，编制共同比报表。共同比报表是将财务报表上的某一关键项目的金额定为100%，将其余项目换算为对关键项目的百分比，以显示各项目的相对地位。

共同比资产负债表一般以资产总额作为关键项目，这样可以观察企业各项资产占总资产的比例和流动性，以及负债和所有者权益的组成比例及资本结构情况。共同比利润表一般以主营业务收入作为关键项目，这样可以显示每一元销售收入负担的成本费用情况和带来的利润。

甲公司纵向分析比较资产负债表（简表）如表11.3所示。

表11.3　纵向分析比较资产负债表（简表）（%）

项目	2018年	2019年	2020年	2021年	2022年	2023年
流动资产	33.33	33.33	30.86	32.94	31.58	33.00
资产总计	100.00	100.00	100.00	100.00	100.00	100.00
流动负债	16.67	18.18	25.93	21.18	23.16	18.00
长期负债	33.33	30.30	24.69	29.41	26.32	30.00
所有者权益	50.00	51.52	49.38	49.41	50.53	52.00
负债与权益合计	100.00	100.00	100.00	100.00	100.00	100.00

从表中我们可以看到，流动资产、流动负债、长期负债、所有者权益均与资产总额保持了相对稳定的特征，说明企业的经营状况相对稳定，商业模式、资本结构都未发生大的变化。如果没有重大变化，甲公司仍将按这种趋势发展下去。

共同百分比的分析方式在现实生活中比较常见。比如，朋友间聊天时说道："我80%的财产都是房产，还有18%是股票，只有2%存放在银行，口袋里的现金几乎是零。"这就是共同百分比的思路。

利润表的趋势分析与资产负债表的呈现形式类似。通过连续多个周期的报表，可以看到企业营业收入和经营管理情况的变化。例如，按照产品线、销售区域等分析销售收入来源，可以判断企业的核心业务和潜力；通过分析成本费用的变化情况，可以了解成本管理甚至是经营模式的变化。

不只是企业的经营存在趋势惯性，其他事物在一定的范围内也是这样，它们的发展在时间上具有连续性，表现为特有的过去、现在和未来的发展过程。现在和未来都与过去有所关联，过去的情况不仅会影响现在，还会影响以后。因此，可以从事物的历史和现状推演出事物的未来。中国有句话叫作"3岁看大，7岁看老"，就是说从孩子小时候的情况就可以推演出长大后的情况，这就是趋势思维的应用。

不过，趋势会延续是在一定的时空范围内而言的。时空变化，真理也会变成谬误。有的趋势会持续很长时间，比如地球的气候变迁周期可以用万年来计；有的趋势则很快会发生变化，比如你刚刚认为一只股票的K线图进入了某种趋势，结果第二天就发生了反转。尽管趋势思维是一种重要的思维工具，但用好的根本还在于认识到事物的本质特征和发展规律。

四、财务比率画像

财务报表分析的另一个基本方法是比率分析法，是通过计算各种比率来确定经济活动变动程度的分析方法。比率分析法其实也是一种比较形式——分子和分母之间的比较。

用财务报表某项数据（如存货）除以总体数值（如总资产）可以得到构成比率，它代表局部与总体的关系；用产出数据（如利润）除以投入数据（如资产）可以得到效率比率，它代表投入与产出的关系；用某项数据（如流动资产）除以与之相关的另一项数据（如流动负债）可以得到相关比率，它能揭示两者之间的合理性。

关于比率，常见的有两种表述——"××率"和"××比率"。在"××率"的表述中，第一个×指的是分母，第二个×指的是分子，如资产负债率；"××比率"则相反，第一个×指分子，第二个×指分母，比如负债与资产的比率。我们在创造性地设置一些指标时应该遵循这个命名规则。

资产负债表、利润表和现金流量表在单独呈现时是一种平面结构，进行财务报表分析时不能孤立地看待它们，而要把三张报表结合起来用立体视角进行观察分析。常用的财务比率分为五类，这五类财务比率建立了三张报表之间的关联，从不同维度揭示分析对象的本质，展示其立体画像。

（一）获利能力

企业设立的目的是获利，获利对企业来说是第一要务。通过获利能力能够看出企业是不是在经营一门好生意，是否拥有长期稳定的盈利模式。可以从以下三个方面入手：

（1）规模——收入与利润在行业中所占的份额，毛利率、净利率水平，以判断企业在行业中的竞争地位。

（2）利润结构——利润来自日常业务的多，还是来自投资的多；来自大量客户，还是来自少数几个客户；来自有限的经销商，还是来自众多经销商；对渠道的依赖程度如何，是否有保障。

（3）趋势——收入和利润的增长情况，是否在高速增长，是否可持续。

常用的获利能力比率包括：

（1）销售净利率＝（净利润÷销售收入）×100%。

（2）资产净利率＝（净利润÷总资产）×100%。

（3）权益净利率＝（净利润÷股东权益）×100%。

（4）总资产报酬率=（利润总额+利息支出）÷平均资产总额×100%。

（5）营业利润率=（营业利润÷营业收入）×100%。

（6）成本费用利润率=（利润总额÷成本费用总额）×100%。

（7）每股盈余=（税后利润-优先股股利）÷发行在外的普通股股数。

这些比率越大，表明企业的获利能力越强。通过与参照物的对比分析，可以得出相关结论。

（二）偿债能力

偿债能力体现了企业还钱的能力。在企业经营中，会形成对职工、供应商、金融机构、税务部门等各类负债，这些负债能否按期偿还是重要的问题，一旦不能按期偿还，就可能让企业陷入重大危机。

企业的债务有流动负债与长期负债之分，流动负债的流转性很强，在相对短的时间内就会到期，需要及时偿还，是企业资金链的即时压力。长期负债是一年或一个经营周期以上的负债，虽然离偿还期限还有一段时间，但到期也会带来资金流出。

常用的偿债能力比率包括：

（1）流动比率=流动资产÷流动负债。

（2）速动比率=速动资产÷流动负债。

（3）现金比率=（货币资金+交易性金融资产）÷流动负债。

（4）现金流量比率=经营活动现金流量÷流动负债。

（5）资产负债率=（总负债÷总资产）×100%。

（6）权益乘数=总资产÷股东权益。

（7）利息保障倍数=息税前利润÷利息费用=（净利润+利息费用+所得税费用）÷利息费用。

（8）现金流量利息保障倍数=经营活动现金流量÷利息费用。

（9）经营现金流量债务比=（经营活动现金流量÷债务总额）×100%。

资产负债率和权益乘数越大，说明企业的负债水平越高，财务杠杆越大。除了这两项指标外，其他偿债能力比率越高，偿还债务的能力就越强。通过与参照物的对比分析，可以得出相关结论。

（三）资产管理能力

资产管理能力是指企业利用资产经营的效率，代表着资产创造收入的速度，即资产一年能够用来为企业做生意的次数，越多越好。比如，有两块相邻的韭菜地，在一年时间内，一块地割了 3 茬韭菜，另一块地割了 2 茬韭菜，第一块地的经营能力比第二块强。

资产管理能力考察企业运用资产的能力，通过资产周转率来体现。根据不同的资产，可以计算出不同的周转率。

常用的资产管理能力比率包括：

（1）应收账款周转率：

应收账款周转次数＝销售收入÷应收账款。

应收账款周转天数＝365÷（销售收入÷应收账款）。

应收账款与收入比＝应收账款÷销售收入。

（2）存货周转率：

存货周转次数＝销售收入÷存货。

存货周转天数＝365÷（销售收入÷存货）。

存货与收入比＝存货÷销售收入。

还有一种方法是用营业成本（而不是销售收入）计算以上几个比率。

（3）流动资产周转率：

流动资产周转次数＝销售收入÷流动资产。

流动资产周转天数＝365÷（销售收入÷流动资产）。

流动资产与收入比＝流动资产÷销售收入。

（4）净营运资本周转率：

净营运资本周转次数＝销售收入÷净营运资本。

净营运资本周转天数＝365÷（销售收入÷净营运资本）。

净营运资本与收入比＝净营运资本÷销售收入。

（5）非流动资产周转率：

非流动资产周转次数＝销售收入÷非流动资产。

非流动资产周转天数＝365÷（销售收入÷非流动资产）。

非流动资产与收入比=非流动资产÷销售收入。

（6）总资产周转率：

总资产周转次数=销售收入÷总资产。

总资产周转天数=365÷（销售收入÷总资产）。

总资产与收入比=总资产÷销售收入。

资产周转次数越多，表示资产管理能力越强。通过与参照物的对比分析，可以得出相关结论。

（四）发展能力

发展能力代表企业经营的持续性。企业经营如果没有持续性，其他指标再好也是没有价值的。在马拉松比赛中，一位运动员开始就用百米赛跑的速度，虽然在前期可能表现优异，但可以断定他会输掉这场比赛。企业的发展能力就是考察企业在整个马拉松一般的生命周期中如何表现。

常用的发展能力比率包括：

（1）所有者权益增长率=（本期所有者权益增加额÷所有者权益期初余额）×100%。

（2）资产增长率=（本期资产增加额÷资产期初余额）×100%。

（3）销售增长率=（本期销售收入增加额÷上期销售收入）×100%。

（4）净利润增长率=（本期净利润增加额÷上期净利润）×100%。

（5）营业利润增长率=（本期营业利润增加额÷上期营业利润）×100%。

发展能力比率需要对比连续多期的值，分析发展趋势，或者对比分析其他参照物才能得出相关结论。

（五）现金流获取能力

现金流获取能力是企业的一项重要能力，包括结构分析和盈利质量分析。

将净利润与现金流结合起来看，如果净利润有足够的现金流入则盈利质量高，否则盈利质量低，现金流能对盈利能力指标做进一步修正和检验。

常用的现金流获取能力比率包括：
（1）销售现金比率=经营活动现金净流量÷销售额。
（2）每股营业现金流量=经营活动现金净流量÷普通股股数。
（3）资产现金回收率=经营活动现金净流量÷资产总额。

现金流获取能力比率越大，说明获取现金流的能力越强。通过与参照物的对比分析，可以得出相关结论。

获利能力、偿债能力、资产管理能力、发展能力、现金流获取能力分别从五个方面刻画了企业的特征。不同的分析者关注的重点虽然有所不同，但都会对企业的整体能力加以评估，因为这五项能力往往具有一定的关联性，通过一定的内在逻辑互相产生影响。债权人会关心企业的偿债能力，但偿债能力分析仅仅是对当前偿债能力的估测，债务偿还保障能力还是取决于企业的获利能力。债权人如果希望与企业建立长期的合作关系，那么企业的发展能力、现金流获取能力就不得不加以考虑。

除了上述五类比率，对于上市公司来说，还有一些市值比率，包括市盈率、市净率、市销率等，这类指标主要用于企业估值。

比率在生活中极为常见。出生率、患病率、治愈率、死亡率、入住率、离婚率、入学率、合格率、收视率、录取率、就业率等，这些都是比率。比率分析的目的是通过对有内在关联的两项指标进行除法运算，发现一些特征和规律，进而对决策起到辅助作用。

五、家庭"五力"评估

家庭作为最小的经济单位，可以适用财务分析的思路。但是，相较于追求利润的企业，家庭又有一些独有的特点。借鉴财务比率分析的五个方面，可以对家庭进行整体财务评估。

（一）赚钱力

钱财乃养命之源。赚钱力反映了一个家庭获取钱财的能力，是决定一个家庭贫富的重要指标，对应企业的获利能力。家庭的钱财主要来源于工资性收入、财产性收入、意外所得等方面。

对于工资性收入，可以用家庭结余、收入结余率等来考察赚钱力。

家庭结余＝家庭收入－家庭支出

收入结余率＝（家庭收入－家庭支出）÷家庭收入×100%

家庭收入和家庭支出会对这两项指标产生影响，收入越高，支出越少，指标数值越大，代表家庭的赚钱力越强。开源节流是优化该指标的核心所在。

对于财产性收入，赚钱力则可以用类似于企业的资产净利率、权益净利率来表示。例如，老赵家通过融资进行股票投资，自有资金70万元，融资30万元，获利14万元，那么资产净利率为14%，权益净利率为20%。可见，老赵家通过财务杠杆提高了自有资金的收益水平。

对于意外所得，不需要用专门的指标考察，越大越好。

（二）安定力

安定力主要用来分析一个家庭的经营是否稳定，财务结构是否合理，偿债风险是否突出等。安定力是一个家庭安定的条件之一，对应企业的偿债能力。只有家庭安定，才能一心一意搞建设，全心全意谋发展。我们看到很多破产的家庭，往往不是赚钱力不够，而是安定力出了问题。被拍卖的个人资产经常是豪车、豪宅，赚钱力突出的家庭才具有这些资产。

家庭安定力包括短期安定力和长期安定力。短期安定力要求能够随时调集相应资源归还到期的负债，长期安定力要求在长期负债到期时能如数偿还。

短期安定力可以用流动比率进行分析，即：流动比率＝流动资产÷流动负债。

对于喜欢超前消费的年轻人来说，在做网贷、信用卡透支等短期资金拆借时应仔细评估自身的短期安定力。

长期安定力可以用负债与可动用资产比率表示，即：负债与可动用资产比率＝（负债÷可动用资产）×100%。

可动用资产是指可以自由动用的资产，在数值上等于总资产减去自用资产、不可动用资产、无法变现资产等。对于一个家庭来说，总资产的范畴比企业更大，比如，家里赚取收入的顶梁柱也是资产。为了保证资产用于债务偿还的能力不损耗，对资产的合理使用和维护就非常必要，一些金领对此认识深刻，因此非常注意身体保养和锻炼，并为自己购买各种保险。

如果安定力出了问题，无法到期还钱，债权人找上门来，家庭将不再安定。

（三）活跃力

活跃力是家庭的资产运用效率，考察资产是否充分利用，是否存在闲置，近似于企业的资产管理能力。与企业不同的是，多数家庭资产中人力资产比重更大，而企业对人力资源则不加以考虑。

对于有形资产，活跃力分析类似于企业，主要从资产周转率的角度进行考察。比如，一个门面全年12个月出租与空置2个月相比，前者的资产周转率更高。一笔50万元的资金在股市上高抛低吸做短线投资，一年赚取10万元，另一笔60万元的资金做中长线投资，一年也是赚取10万元，则第一笔资金的周转率更高。

家庭人力资产无法用货币量化其价值，我们可以假设每个家庭的成年劳动力价值都是一样的。对比两个三口之家，由于分母相同，哪家的收入多，哪家的资产周转率就高，活跃力就大。

对于一个具体的家庭来讲，它的成员在经济活动中越活跃（或者说越努力），创造的收入就越多，活跃力就越大。比如，家庭成员都投身经济活动与家庭成员都无所事事相比，活跃力必然不同。家庭活跃力与家庭成员之间的分工协作及是否和谐有很大关系。

有形资产和人力资产在创造收入的特征方面是完全不同的。与有形资产相比，人力资产创造收入与主观能动性关系更大。多数家庭的收入是通过人力资产进行创造的，其收入创造方式多种多样，体力劳动、脑力劳动等很多方式在现实中都有具体案例，当然，其中一些方式是法律或道德层面所不允许的。

（四）发展力

发展力考察一个家庭持续发展的能力。中国人的文化是希望家庭壮大、一年更比一年好。越来越好就是发展力优秀的表现。

可以用下面几项指标分析家庭发展力：

（1）资产增长率＝（本期资产增加额÷资产期初余额）×100%．

（2）自有资产（自有资产是指家庭总资产减去总负债的余额）增长率＝（本期自有资产增加额÷自有资产期初余额）×100%。

（3）家庭收入增长率＝（本期家庭收入增加额÷上期家庭收入）×100%。

（4）家庭结余增长率＝（本期家庭结余÷上期家庭结余）×100%。

需要说明的是，相对企业而言，家庭发展力指标应该通过更长的时间周期来观察，需要比较多个周期的情况。这是由于人力资产具有很强的能动性和创造性，家庭发展比企业发展具有更大的可能性和变化性。一个家庭在短期内呈现出优于其他家庭的特征，不可沾沾自喜，正所谓"三十年河东，三十年河西"。

家庭发展力若干年后将在下一代身上体现，在家庭成员跨代接力的时候发展力会发生大的变化。不肖子孙将使家庭发展力前景黯淡，而贤良的后代则能使家庭发展力更加持久。打造家庭发展力离不开成年劳动力的进一步提升，而子女的培养是提升家庭发展能力的根本。

（五）生产力

生产力分析主要侧重于家庭所创造的附加值的大小，可以显示家庭经营效率和赚钱力的优劣。可以用以下几个指标测算：

（1）人均收入＝家庭收入÷家庭人口。

（2）人均结余＝家庭结余÷家庭人口。

（3）产出率＝家庭收入÷家庭开支。

家庭生产力反映了一个家庭整体的生产能力，家庭人口特征对这项指标会产生很大影响。一个家庭有 5 口人，另一个家庭有 2 口人，如果两个家庭都是有 2 个成年人工作，并且收入相同，第一个家庭的生产力指标明显会低很多。如果第一个家庭中有 1 个成年人退出劳动力市场，那么将会使人均生产力指标下降 50%。

一个家庭的财务状况可以通过以上"五力"分析来加以评估。同样，若想改善家庭的财务状况，也需要从"五力"角度去思考和努力，"五力"之中任何一个因素的改善都会带来家庭整体财务状况的优化。

人们常说的"过日子"，其实就是在围绕家庭"五力"进行打造。

六、请放开财报

在锅里放进一支温度计，上面显示温度为 100℃，人们会说水开了，这是因为温度计显示 100℃，所以水开吗？并不是。温度计显示 100℃ 是水开的结果，而不是水开的原因。烧开一锅水，需要架设锅灶、准备燃料、安排人手，并在准备就绪后点着燃料，持续加热一段时间。财务报表之于企业经营，就像温度计之于水。

经济活动都是发生在一定的环境中，包括政策法规、地理位置、资本市场、人力资源市场、商品市场等。在既定的环境下，企业通过分析自己的比较优势、关键成功要素、市场机会等因素后确定经营战略，然后进行资源配置，当资金、物料、人力都具备时，企业就开始运营了。在经营过程中，财务人员按照会计准则收集、记录各项经济活动，经营周期结束后，财务报表就可以编制出来了。可见，财务报表是经营活动的事后结果反映。当我们阅读和分析财务报表时，只知道产生了什么样的结果，至于前面的一系列内容，则知之甚少。

财务报表的缺陷不仅在于其事后特征，还在于其反映的信息维度不够全面，一锅水除了有温度这一指标特征外，还有水量、水质、成分等多项指标，对这些指标温度计无法显示。财务报表是根据会计准则的规范要求编制而成，会计准则范围之外的经营活动会被排除在外。财务报表只从货币度量的角度来反映经营信息，如果一项资源、活动、事项无法相对合理地用货币来计量，那么它就不反映。风投公司在选择投资目标时，除了看

通用财务思维：
人人都该懂财务

企业的商业模式外，更多的是关注经营团队，但无论商业模式还是经营团队，财务报表都不反映。连锁社区超市的门店是它服务顾客和获取收益的重要渠道，门店的价值在财务报表上同样无法体现。

一些财务初学者看到财务报表就一头钻进各种数据中去，然后是洋洋洒洒的数字罗列和图表展示。财务报表对经营活动来讲，只是一面不完整甚至可能扭曲的镜子。当王后虔诚地问镜子"谁是世界上最美的女人"时，镜子可能会诚恳地告诉王后"您是世界上最美的女人"。镜子并没有刻意撒谎，因为它考评的女人中没有包括白雪公主。

企业存在的目的是创造价值。为谁创造价值呢？大股东、小股东、经理人、债权人、员工、供应商、客户、政府部门都有不同的利益诉求，相关各方都希望是为自己创造价值。对一方的价值创造可能意味着对另一方的利益损害。站在不同的角度来分析企业，人们关注的重点也有所不同。但无论哪方想长期从企业中获取利益，企业的可持续获利都是不可少的。

企业的持续获利能力受到经营环境、行业政策、市场竞争、要素市场、商业模式等多方面的影响，更与企业的战略定位、资源禀赋、经营管理、企业文化、市场地位等个体差异有关系，正是这些因素决定了企业财务报表的结果。对企业进行分析首先要从这些角度着手，在此基础上再来看财务报表。

由于财务报表可能存在对经营事实的扭曲，识别出"扭曲"也是一件重要的事情。对不靠谱的数据进行分析，得出的也会是不可靠的结论。因此，在分析财务报表之前，对其可信度进行分析也是必要的。

企业分析的框架应该是"环境分析—战略分析—财报可信度分析—财报分析—前景分析"，而不是简单地就财报论财报。要做好企业分析，就要先放开财报。

人们常用"知其然，不知其所以然"来批评他人的认识误区，企业分析的逻辑同样适用于对其他事物的理解。

有些只有小学学历的人在二三十岁的时候会说："学历不算什么，李嘉诚也只读了小学，照样成了华人首富。"这是只看到了一个人的报表上的"学历"这个数据，而没对其他因素做对比分析，等他到了四五十岁的时候，由于对自己已经不抱希望，就再也说不出类似的话了。

当股票市场迎来大牛市时，几乎每个炒股的人都会很快赚取不少利润，入市一两个月的人也开始给身边的朋友传授炒股经验，俨然是天生的炒股高手。然而，几个月后股市急转直下，这些新入市的朋友不仅没有盈利，还出现了不小的亏损。前几个月的盈利是投资报表反映的数据，但是，数据的背后是"疯牛"这一股市环境，而不是炒股能力有多么优秀。所谓"不能把运气当能力"，换句话说就是，不能只看到报表上的漂亮指标，还要做更前端的分析。

很多领导喜欢说"我只关心结果"，并表现出对过程毫无耐心的态度。对于一件事情，只关注结果，没有结果就意味着没有达到目标，劳而无功。但是，只关心结果的思维方式是短视的，因为没有正确过程的结果是不经济的，在财务视角下不是最优的，也不是可持续的。

第 12 章

风险：富贵险中求

一、没有风险是最大的风险

人们在进行一项经济决策时，经常提到的一个词就是"风险"。比如，每个股票投资者去券商开户的时候，都会被告知"股市有风险，入市需谨慎"。

最初人们对风险的定义是发生财物损失的可能性，财物损失的可能性越大，风险就越大，主要强调风险可能带来的损失，与人们日常生活中使用的"危险"含义类似。后来，人们认识到风险可能带来损失，但往往也蕴含着可能的超预期收益，于是，出现了一个更正式的定义：风险是预期结果的不确定性。

风险不仅包括负面效应的不确定性，还包括正面效应的不确定性。负面效应的不确定性可以称为"危险"，而正面效应的不确定性可以称为"机会"。经济活动中，往往都是危险与机会并存。对于危险，需要识别、衡量、防范和控制，即对危险进行管理；对于机会，需要识别、衡量、选择和获取。危险重在管理、控制，机会重在选择、获取。

财务学创造"风险"这一概念的目的是明确风险和收益之间的权衡关系，并在此基础上给风险定价。财务学强调与收益相关的风险，而与收益无关的风险则无须给予太多关注。

俗话说，"富贵险中求"。期望获取较多收益的交易或投资行为必然蕴含着风险，如果没有风险，就无法获得较多收益。人们把金钱存于银行，可以看作一种接近于不承担风险的经济行为，而银行活期存款的年利率不超过0.5%，这种收益水平远低于物价上涨的速度。若考虑到通货膨胀的因素，活期存款不仅没有获取收益，还产生了价值损失。

实际上，世间并不存在绝对无风险的经济活动。即使是银行活期存款，虽然一方面有银行信用做背书，另一方面又保持了足够的流动性，但也仍然存在账户资金被盗、银行倒闭无法兑付的可能。其他经济活动更是如此。人们做出房产、股票、贵金属、期货、外汇等投资行为时，都有损失的可能；人们投入大量的时间、精力和金钱对自己或家庭成员进行培养教育，也可能未来的收益甚微；即使在最简单的日常购物活动中，也存在买到价高质劣商品的可能……如果不从事这类活动，只做出近乎无风险的行为，最终也可能会发生实质上的损失，就像银行里的活期存款同样也存在风险。在经济活动中，为了获得较多的经济利益，人们只能积极面对风险并把握获利的机会。

在非经济活动中也处处存在着风险。一家人外出度假，梁上君子趁机入室，结果造成财产损失；一个人连续加班多日，严重缺乏休息，不幸突发心肌梗死；一个人走在路边，忽然楼上掉下一个花盆，正好砸在头上，不幸造成重伤；一个人外出吃饭，由于多看了邻座的几个人一眼，结果引来争执并演变为肢体冲突；一个人吃饭时，不小心喉咙卡了鱼刺，不得不到医院去处理；菜农们辛辛苦苦种植的蔬菜，眼看即将上市，结果来了几场特大暴雨……日常生活中风险随处可见。这类风险更多是负面可能性，即危险。人们对危险的厌恶是天然的，于是有了管理、控制风险的需求，保险这个行业就应运而生了。保险就是为特定危险后果提供经济保障的一种风险转移机制，没有风险就没有保险行业。

在经济活动中，人们是否去冒风险及冒多大风险，是可以选择的，是主观决定的。不同人的决策会有很大差异，这就是所谓的"风险偏好"。比如，在什么时间投资什么样的资产，投资多少，都是由人们自主决定的，不同决定下的风险也是不一样的。风险偏好程度高的经济主体会倾向于风险大，同时也可能产生较大收益的决策；风险偏好程度低的经济主体会倾向于风险小，同时收益也小的决策；而风险偏好程度中等的经济主体则会选择风险适中，收益也一般的决策。

但不论如何，风险是避不开的，任何一项投资和交易或多或少都蕴含着风险。风险无处不在，无时不在，任何决策都有风险。如果对风险绝对厌恶，并试图完全避开风险，就意味着将会产生实际上的损失，这样就会出现财富萎缩，无法达到财富增长的目的。

对于赚钱这件事来说，没有风险就是最大的风险。

二、两类风险

元代传奇《幽闺记》中提到,"宁为太平犬,莫作乱离人",意思是宁可做和平时期的狗,也不愿做战乱时期的人。在战火纷飞的年代,个人努力的价值已经大为削弱,任何人都面临着诸多生存风险,保住性命尚且不易,更不要提生活的改善和幸福安宁。

战火纷飞的年代存在两类风险,一类是乱世带来的风险,它影响到那个时代的所有人,无论从事什么样的活动,都比太平时期的风险更大;另一类是个人生存和经营活动中的风险,与个人决策和行为有很大关联,比如,军人和商人面对的风险明显不同。第一类风险我们可以称之为"系统风险",第二类风险我们可以称之为"特有风险"。系统风险无法规避,而特有风险则能够通过一定的方法加以分散或减少。

财务学对两类风险的定义是:系统风险是指那些影响所有公司的因素引起的风险,例如战争、经济衰退、通货膨胀、高利率等非预期的变动,对许多资产都会有影响;特有风险是指发生于个别公司的特有事件造成的风险,例如一家公司的工人罢工、新产品开发失败、诉讼失败、签订重大合同等,它只影响一家或少数公司,不会对整个市场产生太大影响。

2018年中美发生贸易摩擦,这对两国的很多经济主体来讲就是一种系统风险,同样,国家和地区之间的关系紧张、军备竞赛、战争等情况也是一种系统风险。系统风险对相关经济主体会产生或多或少的影响。A股最近几年总体呈现熊市特征,但个股之间的价格波动和走势差异很大,投资不同的个股虽然会承受不同的价格波动风险,但整体上是受到了国际环境状况这一系统风险的影响。

系统风险与特有风险有高度的相关性。2018年上半年购房的价格上涨很大程度上是因为房地产市场的整体繁荣,只不过不同区域、楼盘、楼层、房号在上涨程度上有所差异罢了。系统风险与特有风险的高度相关性在股市上体现得特别明显,在牛市的时候,不同板块、不同公司的股票轮番上涨，几乎能够出现普涨局面；而在熊市或者快速回调的过程中，好公司和坏公司的股价常常一起下跌。如果把系统风险比作大海，那么特有风险就是航行在大海上的船只。风暴来时，浪卷千尺，虽然不同船只承受风暴的能力大不相同，但对所有船只来说都是不好的事情，都要因此付出一些代价。

认识不到特有风险与系统风险的相关性可能会带来严重后果。在熊市一味通过择优选股做多的朋友多数会出现损失。在"东郭先生和狼"的故事中，东郭先生对中山狼心生怜悯，并认为中山狼不会害他，这是对特有风险的判断出现了问题。狼这种动物对人的威胁可以看作一种系统风险，相信东郭先生应该知道狼的危险性，但面对中山狼的哀求和花言巧语，东郭先生认为特有风险可控，却几乎酿成大祸。

巴菲特是最"爱国"的投资人之一，他的投资生涯基本伴随着美国经济蓬勃发展的时期，他之所以在投资上取得如此大的成就，很大程度上就是由于搭上了美国发展的"顺风车"。在2019年致股东的公开信中，巴菲特认为，"在未来的77年里，我们的主要收益几乎肯定将来自'美国顺风'。我们很幸运，非常幸运有这种力量在我们身后"。看来巴菲特下一步的投资秘籍还是老办法——搭"顺风车"。

在中国改革开放的历史进程中，同样孕育了普通人改变阶层命运的几次重大机遇，比如，1977年恢复高考、体制内人员下海经商、矿产资源热潮、楼市疯狂、网络红利等，这些重大机遇都是国家政策、制度、行业风口、经济发展红利等系统风险的正向产物。时代的弄潮儿在时代大背景下，"犹可凭借东风力，扶摇直上青云端"。同时，人们也发出了"在风口上，猪也能飞起来"的感慨。

从系统风险到特有风险并不是泾渭分明的，在大的系统风险之下，还包含着很多的子系统风险，子系统风险之下还有更细分的系统风险，直至特有风险。比如，国际环境是一种系统风险，它会影响很多国家层面的系统风险，国家系统风险又体现为政治、经济、文化、科技、教育等不同领域的系统风险，不同领域的系统风险又细分为更小的系统风险，比如，经济领域的系统风险可以表现为不同的区域、产业链、行业的系统风险。如此类推，系统风险可以层层细化、区分开来，而不可一概而论。

处于顶层的高等级系统风险可能过于宏观而不可把握，对系统风险进行细化，对经济活动和决策具有重要的现实意义。比如，2018年上半年买房投资的收益与房地产行业的系统风险有很大关系，与国家整体情况的关联则不是那么直接。通过识别、确认细化的系统风险，可以帮助经济主体寻找到可以参与的经济活动。要想获取更多的可能收益，应该向巴菲特那样去搭各类系统风险的"顺风车"，参与到具备更多可能超额收益的细分领域中去，而不是去垃圾堆里寻找食物。

三、风险大小计量

风险需要通过管理使其处于可控或可接受的范围之内，管理风险就涉及风险的计量问题。

一个国家经济状况的不确定情况如何量化出来？这是个很难的问题。其实，不只国家宏观经济的不确定情况难以计量，所有的系统风险都很难计量。但是，人们又期待能够对系统风险有更多的理解和掌控，所以，对诸如宏观经济等大事件的可能性预测就成了一个关注度极高的话题，很多专家、学者也以此为生。结果是，这些预测只有部分正确，甚至跟抛一枚硬币猜正反面的正负概率差不多。

被誉为"现代证券分析之父"的本杰明·格雷厄姆曾在1951年对哥伦比亚大学商学院的学生们提出建议："等道琼斯指数再次回到2000点以下再进场。"巴菲特在1951年毕业后并没有听从老师的建议，而1951年之后，道琼斯指数再也没有回到过2000点。巴菲特后来在接受采访时说道："当时我手里大约有1万美元，如果我听从了他的建议（等2000点的底），现在我手里应该也就只有1万美元。"

系统风险虽然很难精确计量，但是通过运用专业知识和经验对其变化趋势进行判断却存在可能，格雷厄姆对学生们的投资建议错在"精确计量"这个问题上。伟大领袖毛主席写的《星星之火，可以燎原》就是对全国革命形势这一系统风险的判断,至于具体在哪个时点呈燎原之势则不太重要。巴菲特在70多年的投资生涯中所取得的成就是由于正确判断了美国经济的发展趋势,而不是基于对系统风险的精确计量。当我们知道股指有很大的上涨空间时,在2000点进入跟在3000点进入又有多大区别呢?

特有风险的衡量比系统风险要容易一些,主要是运用概率论方法,并辅之以信息技术,包括敏感分析、情景分析、模拟分析等。总体来看,不管这些技术看起来如何复杂、精巧,它们都包含了大量的人为判断,虽然能够得出一些数据形式的结论,但其精确性同样存在很大问题。

特有风险计量结果产生以后,可以对投资项目的未来经济利益流入进行折现,即根据风险大小对经济利益流入打个折扣(通常是乘以某个小于1的系数),进而得出相对确信的经济利益流入,在此基础上做出投资与否、投资多少的决策。但由于特有风险的计量和风险折现过程带有一定的主观性,对投资项目未来经济利益的判断同样不是一种精确的结果。

由于风险本身就是一种不确定性,期望从不确定中得出一个精确的计量结果是不现实的。风险大小的不可精确性告诉我们:当面对一项决策时,识别出各类风险,并对风险做质的判断和估测比追求精确的度量更加重要。换句话说,宁可要模糊的正确,也不要精确的错误。

一项决策的未来结果是否与预期相符,很大程度上取决于决策时的分析和判断。心存侥幸是对风险缺乏足够重视,因噎废食则是对风险过于紧张,前者容易使决策产生重大亏损,得不偿失,而后者则容易让人错失良机。不仅在经济活动中如此,在现实生活中的其他领域也是如此。

四、风险由我不由天

风险是一种客观存在,对于系统风险和非系统风险来说都是如此。从这个角度来说,风险似乎是一种天然存在,与人无关。但是,风险对不同的人来讲,又有所不同。对于普通人来讲,极限运动和杂技表演是风险极高的活动,但对于专业人员来讲,又是家常便饭那般简单。看来风险是因人而异的。

风险的天然性是由项目本身决定的。例如，极限运动的风险是由其动作的设计编排决定的，动物过河的风险是由水的深浅、地形和水流急缓决定的，投资项目的风险是由其收益的波动性决定的，这些都不以人的意志为转移。

但从不同主体的角度来看，他们在从事同样的活动时，承受的风险却有很大差异。极限运动对专业运动员来讲，不是风险很大的活动；湍急的河流对老牛来说，蹚过去不是什么难事；投资对于一些优秀的投资人来说，经常能够获得不少收益。这主要是由于不同主体掌握的知识、技能、方法、资源等不同，有些主体能够对风险进行分散和有效管理，从而减少了自己承担的风险。

财务学上讲的投资分散化是一种管理风险的方法，即"鸡蛋不能放在同一个篮子里"，这已经是众所周知的投资指南。一家企业如果只投资一个项目，那么它承担的风险就是项目的全部风险，如果投资多个项目，它承担的风险不会是所有项目风险的简单相加，而是比这个数更小，这就是通过投资组合分散风险的理论依据。当投资分散到一定程度时，特有风险可以忽略，而只需关心系统风险。由于系统风险不可消除，投资者必须承担系统风险并可以获得相应的投资回报。通过分散投资降低风险在实践中被广泛运用，甚至有时候出现过度运用，例如，投资股市10万元，分散买8只股票。不过，由于这种投资方式降低了风险，通常也不会取得较大的投资回报。

另外，集中投资策略也被很多投资大师使用。巴菲特在2010年致股东的公开信中说道："好机会不常来。天上掉馅饼时，请用水桶去接，而不是用顶针。"另一位投资大师索罗斯也常采用集中投资的策略。1992年，索罗斯大战英格兰央行时，他的搭档德鲁肯米勒操盘的15亿美元押注即将到期兑付，正考虑进一步增加头寸调拨，甚至建议把所有钱都押上。这时索罗斯说："太荒谬了……你知道这种事情多久才能出现一次吗？信心十足但是只投入很小头寸，这么做是没有道理的。"最终他们投入了100亿美元，并大获全胜。

那么，巴菲特、索罗斯这些投资大师是让大家在投资过程中孤注一掷去博可能的收益吗？不是的。面对同样的机会，为什么其他人没有那样去做呢？因为他们的看法与投资大师们不同，他们认为那里存在着很大风险，所以不敢去做。其实这是一个风险认知的问题，而不是风险管理的问题。所谓通过集中投资获取超额收益，指的是通过加深对风险的认知，在风险可以承受但收益很大的情况下尽可能加大投入，而不是盲目把资源投进去等待谜底的揭晓。

对项目的风险能否深刻认识取决于人们的知识、阅历、心态等综合水平，这是可以通过持续学习得到提升的。在对不同项目的风险进行识别并确定以后，将资源投入哪些项目，分别投入多少，也是由人们自主决定的。既可以选择风险高的项目或项目组合，也可以选择风险低的项目或项目组合，这取决于人们的风险偏好。

因此，虽然项目风险的存在有其客观性，但充分认知风险、选择风险却是人们的自由。其中，充分认知风险是第一位。

第 13 章

时间价值：岁月之美

一、时间就是金钱

如果向金融机构借钱,到期后除了还本还要支付利息,向亲戚朋友借钱有时候不用支付利息,但是会感觉欠了对方人情,原因就是货币存在时间价值。

货币的时间价值,是指货币在经过一定时间的投资和再投资后所增加的价值。货币具有时间价值的依据是货币投入市场后数额会随着时间的延续而不断增加。比如,你从金融机构借入一笔钱,可以用这笔钱进行投资赚取收益,而金融机构由于把钱借出,就失去了用这笔钱投资赚取更多收益的机会,因此需要借款人以利息的方式给予补偿。

由于货币具有时间价值,今天的1元钱比未来的1元钱更值钱。今天的1元钱可以给我们带来利息,比一年后的1元钱价值更大,即使不存在通货膨胀也是如此。比如,将现在的1元钱存入银行,如果存款利率是3%,一年后可以得到1.03元。这1元钱经过一年时间的投资增加了0.03元,这就是货币的时间价值。

在生产经营过程中,资金循环的起点是投入货币资金,它可以用来购买所需的资源,然后生产出新的产品,产品出售时得到的货币量大于最初投入的货币量,货币在循环过程中产生了增值。每完成一次循环,货币就增加一定的金额,周转的次数越多,增值额就越大。随着时间的延续,货币总量在循环中按几何级数增长,形成了货币的时间价值。

在货币时间价值的影响下,现在的1元钱比将来的1元钱价值更大,它与将来的1元多钱甚至几元钱是等效的。因此,不同时间的货币价值不能直接加减运算,需要进行折算。常见的一种错误的算账方式是:今年工资收入结余10万元,如果以后每年工资收入都结余10万元的话,5年后累计获得结余50万元。实际上,由于存在货币时间价值,5年后获得的结余将大于50万元。不同时点的货币价值需要统一到同一个时点上才能进行加减运算,这样得出的结果才有意义。

第 13 章 | 时间价值：岁月之美

货币时间价值原理催生了银行、小贷公司、典当行等资金借贷行业，这些行业的雏形在人类的生产力达到一定水平的时候就已经出现，货币时间价值这一规律很早就已为人们所发现和运用。

除了专业的资金借贷活动外，货币时间价值在生产和生活中经常以早收晚付的方式运用。对于一笔不带利息的货币收支，收款时人们往往倾向于早收，而付款时则倾向于晚付，都是希望资金在自己手上停留更长时间。资金掌握在手里，既可以用于提前消费，也可以进行投资获利，还可以用于应对不时之需。

货币时间价值可以用相对数和绝对数两种方式表示，即时间价值率和时间价值额。理论上，货币的时间价值率是没有风险也没有通货膨胀情况下的社会平均利润率。货币的时间价值额是货币在生产经营过程中带来的真实增值额，即一定数额的货币与时间价值率的乘积。

理论上的时间价值率是不考虑风险和通货膨胀下的社会平均利润率，如果一项资金占用承担了风险或者包含了通货膨胀因素，则应该要求更高的报酬。媒体上曾报道过这样一则新闻："山东的何先生 27 年前在银行存了 1000 元，到期后何先生到银行取钱时被告知，只能支付 5000 元。"如果不考虑这 27 年中国社会的发展变迁，1000 元变成 5000 元，足足增加了 4 倍，看起来也不算少，但如果考虑到货币购买力的变化，这笔银行存款就非常不划算，20 多年下来这笔钱的购买力反倒出现了损耗。这是由于银行存款利率与物价水平并不直接相关，银行对资金占用的利息不会对通货膨胀因素给予补偿。经过最近几十年的发展，通货膨胀对普通百姓来讲已经成为"常识"。与何先生的情况类似，前些年一些买了万能险的人纷纷退保，就是发现万能险带来的收益相对于过去几年的物价上涨不太划算，于是选择退保止损。

不仅货币具有时间价值，作为货币载体的资产也具有时间价值。货币很多时候并不是以现金或银行存款这类货币形式存在，而是以资产形式存在，比如机器设备、房产、专利技术等，所以资产也具有时间价值。比资产范畴更广的资源同样具有时间价值，壮汉的体力、美人的容颜都具有时间价值，占用这些资源常常需要支付各种形式的对价。

如果不考虑货币的时间价值，就无法合理地决策和评价财富的创造。在现实中，由于通货膨胀率没有直接可靠的数值，通常以利率、收益率、报酬率等来代替货币的时间价值率。但是，在选择和决策时，充分考虑通货膨胀率的影响是非常必要的，否则就会出现媒体报道中的何先生那种情况。

前些年某国有银行领导提出过一个"冰棍理论"，该理论认为，"处置不良资产就像卖冰棍。冰棍在手里时间长了，就融化了，不良资产也是如此。如果不能及时处置，时间长了，就只剩下一根木棒了"。从货币时间价值的角度来看，"冰棍理论"是说有些资产的时间价值太低，甚至无法满足通货膨胀等风险因素，因此其价值不但没有增长，反而缩水。

让货币、资产、资源在时间长河中产生的价值大于其消耗是货币时间价值给我们的第一启示，这样的岁月才是美丽的。

二、复利是奇迹

爱因斯坦曾经说过："复利是世界第八大奇迹。知之者赚，不知者被赚。"复利是计算利息的一种方式，即每经过一个计息期，要将前期的利息加入本金再计算利息，一直滚算，俗称"利滚利"。这里的计息期可长可短，但最长一般不超过一年，短则可以按小时、分钟计算。与复利对应的是单利，单利只对本金计算利息，而不将以前的计息期产生的利息累加到本金再计算利息。

很多朋友对利滚利的了解比复利更早，这一词语出现的主要场景是描述旧社会地主老财对穷人进行盘剥的影视剧作品。在这些作品里，利滚利成了地主老财作恶的工具，几乎是罪恶的代名词。近年来，随着金融业的蓬勃发展甚至野蛮生长，以及互联网金融的出现和广泛实践，人们对复利有了更多的认识和接触，复利再次成为个别网贷机构的作恶工具，被网贷逼上绝路的案例屡见报端。复利之所以成为这样的工具，就是由于其威力巨大。

我们来看一下 10 万元本金按复利计算，在不同收益率下的增值情况（见表 13.1）。

表 13.1 10 万元本金在不同收益率下的增值情况

单位：万元

时间	不同收益率下的增值					
	10%	15%	20%	30%	40%	50%
5 年	16.11	20.11	24.88	37.13	53.78	75.94
10 年	25.94	40.46	61.92	137.86	289.25	576.65
15 年	41.77	81.37	154.07	511.86	1555.68	4378.94
20 年	67.27	163.67	383.38	1900.50	8366.83	33252.57
25 年	108.35	329.19	953.96	7056.41	44998.80	252511.68
30 年	174.49	662.12	2373.76	26199.96	242014.32	1917510.59

表 13.1 中列出的各个金额数据表示投入 10 万元本金，以复利方式计算在特定利率和时间周期后的价值，这个价值可以称为复利终值，即一定本金在将来一定时间按复利计算的本金与利息之和。

投入本金 10 万元，在收益率 10% 的情况下，20 年后的价值是 67.27 万元；如果收益率为 20%，将是 383.38 万元；如果收益率为 30%，则是 1900.50 万元；如果收益率为 50%，将高达 33252.57 万元。即使按照 10% 的收益率计算，现在手头的 10 万元在 30 年后也将达到 174.49 万元。换句话说，一位 30 多岁的朋友如果将 10 万元按照 10% 的收益率进行投资，30 年后退休时这笔钱将变成 174.49 万元。利率越高，复利周期越长，价值增长越大。上例中的复利是以年为计算期，如果计算期变为半年、季度、月、天、小时、分钟，复利作用的增值将更为惊人。

即使是一个微小的变化，在时间的作用下，复利的力量也是巨大的，因此，很多投资大师都非常重视复利的作用。我们看下面一组数据：

$1.01^{365} = 37.8$

$1^{365} = 1$

$0.99^{365} = 0.03$

这意味着，如果每天取得1%的收益，一年下来将达到最初的37.8倍，正是积跬步至千里；如果每天原地踏步，一年之后还是原来的样子；如果每天亏损1%，一年之后将只剩下初始的3%。

用复利思维去观察，会发现知识、人脉、能力、健康等很多有价值的东西都可以通过类似复利的方式得到增长。当然，这些增长可能不会像金钱复利那样精确并能够用数字计算，但穿透其现象，我们会看到复利在发挥作用。很多伟大的成就，都是来自一点点小进展的复利作用，当下取得的进步可能微不足道，但随着时间的积累，小进步会产生巨大的成果。

1967年，哈佛大学心理学教授Stanley Milgram想要描绘一个连接人与社区的人际关系网。他做过一次连锁信实验，结果发现了"六度分隔"现象，即你和任何一个陌生人之间所间隔的人不会超过六个，也就是说，最多通过六个人你就能够认识世界上任何一个陌生人。这是人际连接的复利体现。

前不久见到了一位几年未谋面的朋友，乍一见面我吃了一惊，印象中肥胖臃肿、无精打采的他不光身材变得消瘦，人看起来也容光焕发，精气神十足。结果一问才知道，原来两年前他身体出了状况被送到医院抢救，出院后就下定决心一定要改善身体状况，经过两年多的饮食调理及科学锻炼，身体状况有了非常大的改善。我旋即明白了：原来是健康复利的作用。

"读书破万卷，下笔如有神""只要功夫深，铁杵磨成针""水滴石穿"等词句都闪烁着复利思维的光芒。

复利的核心在于增长率（收益率）和时间的搭配，复利奇迹由增长率和时间共同完成，若想达到某一目标，就需要在增长率和时间上创造条件。如果能够实现较高的增长率，只需要较短的时间就可以达到目标；如果增长率不够高，只要时间够长，同样可以达到目标。但很多情况下，太高的增长率往往意味着风险。当然，这也不是绝对的，风险大小的决定因素是事物规律，时速300公里对普通火车意味着极大风险，但对高铁列车来说却是正常的速度。一株幼苗长大需要一定的时间、阳光、肥料，拔苗助长就会出现问题。一坛陈年老酒的价值则在于它在时间中的沉淀。

复利奇迹告诉我们：设定好目标，在遵照规律的前提下，争取更高的收益，余下的交给时间，做时间的朋友。

三、收支时间序列

货币既然具有时间价值，在不同时点发生的收支，其价值也是不同的，收支发生的时间序列就成了一个重要的问题。与时间序列有关的资金收支可以分为三类：第一类是简单的复利，第二类是年金，第三类是没有规律的资金收付。

简单的复利是指期初和期末各发生一笔收支（或假想的收支）。比如，老王将10万元用于投资，年报酬率为6%，经过3年时间，这笔钱将增长为11.91万元。这里的11.91万元和10万元分别叫作复利终值和复利现值。复利终值是指一定本金在将来一定时间按复利计算的本金和利息之和，复利现值是指未来一定时间的特定资金按复利计算的现在价值。

10万元大还是11.91万元大呢？从简单的数字关系看，当然是11.91万元大。不过，在我们加入时间维度后，就不能得出这样的结论了。10万元是现在的货币数量，而11.91万元是3年后的货币数量，因为货币具有时间价值，不能简单地比较两者谁大谁小。由于老王期望的年报酬率是6%，以年报酬率6%计算，10万元在3年后的终值是11.91万元，而3年后11.91万元的现值是10万元，因此在老王眼里两个金额是相等的。

朋友老李了解了老王的投资后，认为6%的年报酬率太低，那么在老李眼里，现在的10万元在3年后的终值应该大于11.91万元，因此现在的10万元就大于3年后的11.91万元。如果老李只希望获得5%的年报酬率，那么在他眼里现在的10万元在3年后的终值小于11.91万元，因此现在的10万元就小于3年后的11.91万元。

可见，通过终值、现值的计算，可以将不同时点发生的资金收支统一到同一个时点上来，从而进行大小比较，并据此做出决策。

年金是指等额、定期的系列收支。例如，通过分期付款的方式购买一部手机、等额本息偿还银行按揭贷款、每年取得相同的一笔收入等，都属于年金的收付形式。

年金分为普通年金、预付年金、递延年金和永续年金。以子女给父母赡养费为例，假定子女每月定额给父母2000元，那么这种赡养费的支付形式就是年金。如果赡养费是每个月的月末支付，这种年金就属于普通年金；如果赡养费是每个月的月初支付，这种年金就属于预付年金；如果子女在5年后再按月支付赡养费，这种年金就属于递延年金；如果人能够长生不老，子女一直支付赡养费，这种年金则属于永续年金。

由于货币具有时间价值，不同时点的货币金额无法直接进行比较，因此年金同样有现值和终值的问题。年金的终值和现值计算相对比较复杂，财务教科书上会用较多的篇幅来解释其推导过程，为了简化使用，财务学上会编制出各种不同利率和时间下的系数表，形成年金终值系数表、年金现值系数表，在进行年金的终值、现值计算时，通过查询系数表可以简化计算。不过，通过计算机软件计算更为快捷，常用的表格处理软件（如Excel、WPS）中都有相应的公式，系数表已经不再常用。

简单的复利和年金都是有时间规律的资金收付，更多的情况是资金收付并没有明显的规律，只是在不同时点上发生金额不等的收支。比如，一项投资下的收益不太可能每年都是特定金额，家庭收支每年也会发生变化，退休人员的养老金也会经常调整。对于不规律的收支同样有终值和现值计算的问题，不然这些收支序列就无法进行加减计算和大小比较。

父母养育一个孩子的支出就是不规则支出，从孩子出生到独立生活需要连续多年的付出。假如父母养育孩子22年，一共投入了50万元（仅考虑金钱方面），孩子从父母60岁开始向父母支付赡养费，赡养费的金额和支付时间会根据情况有所变化，预计需要支付20年。那么，孩子需要支付多少钱才能偿还父母对自己的养育支出呢？

由于养育支出和赡养给付的金额和发生时间都是不规则的，若要回答这个问题，就需要把养育支出和赡养给付都统一到同一个时点上来进行比较，这个时点可以是孩子出生的时刻，可以是父母60岁的时刻，也可以是任一时刻。同时，还需要设定一个资金的收益率。在计算时，由于两类支出发生都不规则，可以把每一笔支出看作一个简单的复利分别计算特定时点的价值，然后把所有养育支出和赡养给付分别累加起来进行比较。

资金的终值和现值是相对的概念，往往没有一个确定的时点，3年后的资金价值可以叫作终值，5年后的资金价值也可以叫作终值。关键在于，为了加减计算，需要将不同时点发生的资金收付统一到同一个时点上来，至于具体哪个时点反而是不重要的。

收支时间序列的不规则分布是常态。在某个主体存续的时间轴上，不规则地分布着各种数值的收入和支出，有的前面收入多，后面支出多，也有的分布特征恰好相反，更多的情况是看不出任何规律。在收支时间序列上有时也会隐藏着或被认为存在着某些前后联系，于是有了先苦后甜、先甜后苦、延迟满足、因果循环等之类的说法。

不管时间序列分布特征如何，最重要的是要看到完整的时间序列，而不是仅仅盯着一个点或者一个局部的时间段，否则就会出现误判，错失机会。只有当眼中有完整的收支时间序列时，才能将这些收支分布折现到当下，进而判断数值的大小，并做出正确的决策。

四、利率的伪装

资金是有时间价值的，站在出借资金的一方，会希望时间价值率越高越好，而站在使用资金的一方，则希望时间价值率越低越好。在资金借贷市场上，资金的时间价值率就是利率。但是，资金借贷双方在市场上的地位一般不对等，通常专业金融机构相对个人来讲在资金量、专业能力等方面更具优势，更能主导资金的借贷交易。

专业金融机构在吸收资金时，往往会夸大资金的收益率，让个人或非专业组织认为可以取得较高收益，从而达到吸收资金的目的；而当其作为资金出借方时，则会宣称自己的资金灵活方便，非常便宜，常常会以日利率的形式报价，以达到吸引顾客，借出资金的目的。

资金的时间价值跟收支节奏有着非常大的关系，两家金融机构宣称同样的年利率，但是由于收支节奏不同，会造成实际利率的重大差异。金融机构宣称的利率称为名义利率，名义利率必须结合资金收支时间序列来看才有意义，否则信息是不完整的。在已知名义利率和资金收支时间序列的情况下，用 Excel 表格可以很容易计算出实际利率，这个实际利率才是真正的资金时间价值。

比如，王婆需要 10 万元来增加西瓜的采购量，两家金融机构的报价都是年利率 8%，但是第一家要求一年后一次性还本付息，第二家要求借款时即支付利息。很明显，这两家金融机构提供的借款名义利率都是 8%，但实际利率并不一样，第二家机构的贷款实际利率更高。

同样的道理，假如购买一套房产的按揭贷款利率为 5%，但是，由于是按月还本付息而不是按年支付，借款人承担的实际利率要大于 5%。通常来讲，支付的周期越短，利率越高，按周支付将比按月支付实际利率更高。

由于实际利率的高低需要将名义利率和收支节奏结合起来看，名义利率高的资金不一定比名义利率低的资金更贵，反之亦然。有些金融机构会故意报出看似很低的名义利率，但是，通过资金收支时间的安排，其实际利率却变得很高。

除了通过名义利率对真实利率进行伪装外，有些金融机构还打出了零利率的口号，但这类金融产品往往伴随着金融服务费、咨询费、手续费等花样繁多的收费名目。比如，西安奔驰女车主哭诉维权事件让"金融服务费"受到了广泛关注。

银行也会推出所谓零利率的贷款业务，很多朋友都接到过这样的推销电话。比如，某银行贷款产品"为符合条件的持卡人提供的现金信贷业务，最高可以申请 30 万元"，按月分期偿还，零利率，但每月还款均收取 0.75% 的手续费。这款产品的利率为零，但实际利率并不为零，而且还不算低，只是将利率伪装成了手续费而已。

如果金融机构提供的资金比较划算，一般情况下就没有必要通过其他名目的费用形式进行伪装，如果金融机构极力宣传其产品的低利率，但同时附加了一些手续费、服务费之类的收费形式，则要特别注意。将产品的资金收支时间序列输入 Excel 表格，测算出实际利率，是识别利率伪装的法宝。

与利率的伪装类似，有些经济主体为了从他人身上获取利益，常常打着免费的旗号。比如，免费赠送产品、免费提供房屋装修建议、为顾客提供超值服务等。这些伪装有些是为了让他人付出更大的代价，而有些则是为了与客户建立长期稳定的关系，以获取长期利益。对于前者，我们要慧眼识别，保持清醒；而对于后者，一般来说对双方都有好处，建立这种关系并无不妥。

利率伪装的本质是通过对外展示低廉的对价，让人觉得有便宜可占，从而引诱对方达成交易，并在后续过程中择机获得更高收益，"无事献殷勤""免费的午餐"就属于此类。正如作家斯蒂芬·茨威格在《断头王后》中所写的：所有命运馈赠的礼物，都已在暗中标好了价格。

第 14 章

财务原则：有规矩成方圆

一、会计主体

参与经济活动时首先需要弄清楚的一件事就是：哪些活动与自己相关，哪些与自己无关。财务上把这个前提称为"会计主体"。所谓会计主体，是指会计工作服务的特定对象，是会计确认、计量和报告的空间范围。也就是说，在会计核算和财务管理活动中，只需要关注与服务对象相关的经济业务，并注意与其他经济主体区分开来。

比如，某单位曾经组织过一次集资建房，但是房源的套数不够所有员工每人一套，解决这个问题的办法是论资排辈。单位发布评分规则后，一个年轻同事开玩笑说："跟着别人敲锣打鼓地分东西，到了地方发现没有自己的份儿，白高兴一场。"

这个同事的说法即暗含了会计主体。听说单位出台集资建房政策时，同事认为自己即将产生一笔收益，所以很高兴；但当了解到评分规则时，发现自己没有资格，收益是别人的，高兴的心情顿时消失。可见这个同事清楚地区分了会计主体。

会计主体假设限定了财务核算和管理的空间范围，说明了财务状况和经营成果到底反映了谁。现实中很多企业投资者会将自己和企业混淆，认为企业是自己的，企业的事情就是自己的事情，于是经常用企业资金购买个人用品，当企业需要资金时，就从个人腰包中拿钱出来投进企业。如果你问他某年企业的盈亏情况，他会将企业和个人生活收支混在一起来说，比如，"这不嘛，就买了套房子，孩子出国读书用了几十万元，企业里面也没增加现金，都投入进去了……"

财务上要求清楚地区分会计主体，是因为站在不同的会计主体的角度，财务情况会完全不同，而相关利益主体经常会根据财务情况做出判断和决策。股东关心企业是否赚了钱，董事会关心管理层的履职情况，债权人关心企业的财务状况能否支持还本付息，客户关心企业的产品供应能否持续稳定，政府部门关心企业的用工情况、该缴的税是否足额缴纳。要回答这些问题，都需要有清晰的会计主体，不同会计主体混淆将让人无从判断。

同一项经济业务站在不同的会计主体的角度反映的内容是不同的。假如将 100 万元银行存款投入一家公司进行股权认购，股权占比为 60%。站在你这个会计主体的角度，你的投资行为出现的结果是：减少了 100 万元货币资金，增加了价值 100 万元的股权投资；站在公司这个会计主体的角度，则是增加了 100 万元货币资金，并增加了 100 万元的所有者权益。如果将你替换为一家公司，投资公司是母公司，被投资公司是子公司，母公司将这笔业务反映为投资业务，子公司则将这笔业务反映为筹资业务，与个人投资的情况是类似的。

翻开上市公司的定期报告，经常会发现既有合并报表，又有母公司报表，这两套报表就是按不同的会计主体编制的。母公司报表反映的是上市公司这个单独主体的报表，合并报表反映的是上市公司及其所控制公司的整个企业集团的报表。很多上市公司的规模在短短两三年内极速扩大，就是通过资本运作控制了其他一些企业，并将其纳入合并报表，俗称"并表"。这样一来，从合并报表的角度来看，整个企业集团就出现了跨越式发展。一些上市公司的实际控制人之所以敢于定下诸如"一年翻一番，三年翻三番"的目标，其规划的路径就是通过资本运作进行兼并收购，他们笃信"企业是买大的"。当然，这种增长方式的质量值得商榷，规模极速扩大后，公司的管理能力能否随之提升是个大问题。因此，当我们看到一家上市公司规模扩大特别快时，应注意其管控风险的存在。

合并报表以母公司为基础，反映了整个企业集团的财务情况，其范围比单体公司更大。不过，单体公司并不是最小的会计主体，有时候会计主体的范围比单体公司还要小。比如，为了考察各区域公司的业务情况，一家公司除了将自身作为一个会计主体外，还可能会把每个区域公司都当作一个会计主体来核算，这样就可以对各个区域公司进行业绩评价和管理。

有时候人们讨论到生孩子的成本，会把从孩子出生到成家的所有投入计算进去，这实际上是在将生养孩子这件事当成一个会计主体。一笔具有专门用途的资金也可以作为会计主体，比如，一个信托计划、班级的一笔班费、一项活动经费等。有些家长为了培养孩子的金钱观念和理财意识，会引导孩子进行储蓄和记录开支，这就是把孩子管理的这笔钱作为一个会计主体。

会计主体的概念并不复杂，在生活中人们也经常不自觉地用到。但是，在进行核算和决策时，一定要区分清楚会计主体，不能混淆。

我们来看一道趣味题：

3人到同一旅店住宿，每人交了10元。老板给他们打折，找了5元给他们。店小二贪污了2元钱，退给他们3元，这样的话，相当于每人花了9元，但是9+9+9+2=29元，还少1元。问：少的那1元钱去哪里了？

这个题目的问题就是混淆了不同的会计主体。把3人整体作为一个会计主体，那么算式中店小二贪污的2元就应该替换为3人收到的退款3元，就得到9+9+9+3=30元了。

一道趣味题无法算出无关紧要，但是，在经济活动中混淆不同的会计主体，就会带来误判和损失。

会计主体的概念提示我们要注意识别一件事情里存在的各类会计主体，正确归集和计算每个会计主体的收入、费用和利润，对利益格局有整体认识，进而做出有利于自己的决策。

二、持续经营

持续经营是指在可以预见的将来，企业会按照当前的规模和状态继续经营下去，不会停业，也不会大规模削减业务。正常情况下的会计核算都是以企业的正常生产经营为前提，而不是马上要砸锅卖铁进行破产清算。

持续经营意味着一种稳定、均衡的状态，能够给人以合理预期。经济主体的很多行为都是预期所驱动的，当人们预期某个物品（如股票、房产、郁金香、食盐、比特币等）价格要大涨时，会一窝蜂地涌入；当人们预期未来数理化非常重要时，会特别重视孩子对这些科目的学习；当人们预期银行要破产时，会出现大规模挤兑；在大型灾难和末日场景下，人们的行为会变得与以往截然不同——这都是预期的力量。

企业是否持续经营，在会计原则、会计方法上有很大差别。在持续经营的假设下，企业的资产会按照既定用途使用，在会计核算中将按照特定方法进行折旧；企业的大多数员工会继续在此工作，员工薪酬的计提和发放会正常进行；客户的产品交付总体正常，不会出现大规模合同违约；各类债务会按照合约条款清偿，不需要变卖资产来偿债……相反，如果企业不能持续经营，这一切都将被打破，会计核算也需要改变原则和方法。

持续经营假设使会计核算能够遵循一定的方法和原则，在一般情况下更能真实地反映企业的经营状况。假设企业花 50 万元购入一辆汽车，在持续经营的情况下，汽车的账面原值是 50 万元，折旧年限为 5 年，净残值为 0，每年折旧 10 万元。如果不能持续经营，需要立即进行清算，那么汽车的价值就要大幅折价，可能只值 40 万元，而且不能再在 5 年内进行折旧。在多数情况下，前者更符合实际情况。

持续经营是一项重要的前提假设，经济领域和其他领域的正常运转都有赖于人们对持续经营的信念。当一个经济主体对自己的财富抱有持续经营的预期时，做事会更加笃定和坚韧，所谓"有恒产者有恒心"。一个团队的成员如果都认为团队会持续发展下去，就会产生凝聚力和战斗力，反之就会削弱团队。比如，在去西天取经的路上，猪八戒对这个团队能否持续经营心存疑虑，一遇到困难就提议散伙分家，这当然给团队带来了负能量。由陌生人临时组成的团队，其成员之间难以互相信任，主要就是由于大家都知道这个团队存续时间有限，因此，不会投入精力持续经营。夫妻双方都认为婚姻能够持续经营时，就会安心过日子；如果有一方不想持续经营，那么在生活中就无法同心协力，而是各自打着自己的算盘。有些单身汉游手好闲、好吃懒做，就是对自己的持续经营失去了信心，于是破罐子破摔。可以说，持续经营假设对这个世界的和谐功不可没。

但是，任何经济主体都有生命周期，都不会长生不老，企业也是一样。持续经营作为一种假设有时候会与实际情况产生出入，有些企业上一年的财务状况看起来非常好，但第二年却倒闭关门了，从第二年来看，上一年的持续经营假设就存在一定问题。之所以出现这种情况，有时候是由于商业竞争的残酷，有时候却是企业有意利用了持续经营假设。

在其他一些领域，为了取得他人的信任，持续经营也会被利用。越王勾践卧薪尝胆，百般掩饰自己的雄心壮志，就是为了让吴王夫差相信他会在当前状态中持续下去。很多企业都不喜欢频繁跳槽的求职者，这是因为频繁跳槽的做法让企业认为这个人加入后也会很快跳槽，而求职者则会努力告诉对方："这次不同了，我会在此持续工作下去。"

三、会计分期

企业设立后并不知道何时会终止，等企业终止时再结算整个存续期间的经营情况是不现实的。况且，会计实务中对企业的经营期间是假设为持续经营，即在正常会计处理过程中，根本不考虑企业终止的事情，等待企业终止再做财务报告就更不可能。于是，会计分期产生了。

会计分期是指将一家企业持续经营的生产经营活动划分为一个个连续的、相等的期间。会计分期的目的是通过会计期间的划分，将持续经营的生产经营活动划分为连续的、相等的期间，据以结算盈亏，按期编制财务报告，从而及时向财务报告使用者提供有关企业财务状况、经营成果和现金流量的信息。

在会计分期假设下，企业应当划分会计期间，分期结算账目和编制财务报告。会计期间通常分为年度和中期，凡是短于一个会计年度的报告期间都可以称为中期。不同国家对于会计年度的时间规定是不同的，我国会计年度的时间范围是当年1月1日到12月31日，有的国家是4月1日到次年3月31日，也有的国家是10月1日到次年9月30日。

会计分期除了规定账目结算和财务报告的周期外，还对会计核算产生重要影响。由于会计分期，才有了当期与以前期间、以后期间的分别，才有了计提、折旧、摊销等会计处理方法。计提意味着将以后期间的现金流出在本期计提为费用，而折旧、摊销则是将以前期间形成的资产计入本期及以后期间的费用。没有会计分期，就不会有这些方法和概念。

会计分期体现的是一种定期回顾的思维方式。在企业持续经营的过程中，通过各种不同期间的财务结算和报告，可以定期观察企业在一段时间内的财务状况、经营成果和现金流量，并据此做出相应的决策调整。对上市公司来讲，定期报告包括年报、半年报和季报，财务报告使用者可以据此做出判断和决策，越短会计分期的财务报告信息含量越大，对使用者越有用。

人们在生活中也常会使用会计分期的方法，比如，对一年、半年、一个季度、一个月、一周、一天甚至一件事的回顾总结其实就是一种分期。曾子说："吾日三省吾身：为人谋而不忠乎？与朋友交而不信乎？传不习乎？"对曾子来说，他进行结算和总结的周期是一日，通过每日对自己的省察，来随时纠正自己的偏离行为，从而日臻完善。

会计分期给了人们从头再来的机会。对企业来讲，一个会计年度结束后，在新的会计年度中，一般只做当年经营成果的反映，翻过去的一年不再在利润表中体现。如果上一年经营得好，下一年可以此为参照，再接再厉；如果上一年经营得差，下一年就可以放下包袱，从头开始。对于其他经济主体也是这样，每一个会计分期结束后都可以进行总结和回顾，而一旦下一个会计分期开始，就应作为一个新的期间重新考量。

四、货币计量

我们在描述人、事物或动物的时候，经常会用到量词，比如，一只兔子、一束花、一件衣裳等，只、束、件都是量词。同样，会计核算作为对经济业务的记录，首先要解决的一个问题就是用什么量词来记录经济业务。由于经济业务代表的是一种价值的转化和运动，因此，会计采用货币计量的方式反映会计主体的生产经营活动。

货币计量是指会计主体在会计确认、计量和报告时以货币计量和反映会计主体的生产经营活动。在生产经营活动中以货币为基础，是由货币本身的属性决定的。货币是商品的一般等价物，是衡量一般商品价值的共同尺度，具有价值尺度、流通手段、贮藏手段和支付手段等特点。而其他计量单位，如重量、长度等，只能从某个侧面反映企业的生产经营活动，无法在量上进行汇总和比较，不便于会计计量和经营管理。只有选择货币进行计量，才能充分反映企业的生产经营情况，所以，《企业会计准则——基本准则》规定："会计确认、计量和报告选择货币作为计量单位。"

有了货币计量假设，所有财务报表都必须以货币为计量单位，比如，我国规定记账本位币为人民币。对于企业花费1000万元购入的一栋五层建筑物，不能记载为"一栋房子"或者"一栋五层的房子"，而应记载为1000万元。与此相似，所有企业不管什么样的资产都通过货币计量的方式进行记录，这样，不同资产就有了统一的计量单位，不同企业之间的财务报表也可以相互进行比较。如果各家企业分别用清单的方式罗列出自己的各种资产，企业之间的财务报表将不具有可比性，就像一只兔子和一根木头没法比较大小一样。

货币计量在会计核算中起到了统一度量衡的作用，对会计核算的实现非常重要，但它的缺点也很明显，并不是所有的资源都可以用货币直接计量，比如华为的研发能力、阿里巴巴的大量店铺、石油公司对资源的垄断。无法直接用货币计量的资源被排除在了财务报表之外，而这类资源有时候又是至关重要的，这样，财务报表的作用就大打折扣。为了弥补这一不足，企业有时候还需要通过其他方式补充相关信息，如上市公司定期报告中的"管理层讨论与分析"。我国于2002年6月22日在《公开发行证券的公司信息披露内容与格式准则第3号——半年度报告的内容与格式（2007年修订）》中首次使用"管理层讨论与分析"，并于2005年12月在《公开发行证券的公司信息披露内容与格式准则第2号〈年度报告的内容与格式〉》中做了充实和有效修改。

"管理层讨论与分析"虽然是对财务报表有益的、不可缺少的信息补充，但由于其统一规范性远不如财务报表，不同企业之间很难进行比较分析。即使对于同一家企业来讲，"管理层讨论与分析"提供的信息也仍然是有限的，财务报告使用者对于一些关键资源的情况仍然无法得出直截了当的结论。从目前财务学发展的情况来看，这一问题或许永远无法完美解决。财务报告使用者唯一能做的就是除了阅读财务报告之外，还应该更广泛、更全面地了解企业的经营情况，深入地进行财务分析。比如，一家企业的财务报表显示当年的营业收入很低，净利润几乎为0，但通过进一步了解发现，该企业通过市场拓展，已经为下一年签订了超过上年营业收入10倍的合同，并且在一年内即可履行完成。在这种情况下，我们只看报表就做出"这家企业经营状况较差"的结论是武断的。

货币计量为会计核算打开了一扇窗，却也为很多重要资源的记录关上了一道门。在现在的商业环境下，研发、技术、人才、商业模式、流量、市场地位、经营管理水平等越来越重要，但这些都不能直接用货币精确记录。在正式的会计核算和财务报表中当然要严格遵守货币计量的要求，但我们在做选择和决策时，不仅要关注能够直接用货币计量的事项，同时也要考虑那些不能直接用货币计量的重要资源。决定一件事情的走向和结局的，很可能是货币以外的东西。比如，一家企业能否成功，不在于账面上有多少银行存款；一对新人能否幸福，不在于男方出了多少彩礼；一个国家能否独立自主，不在于GDP有多高。

在微观经济学中，经济学家想讨论一个消费者在消费时获得了多少收益，却遇到了难题，因为他们无法用已有的量词和名词衡量消费者的满足程度，于是他们发明了一个新的概念——效用，用于描述消费者的满足程度。经济学家认为，消费者在消费时，会以效用最大化为目标去做决定，从而尽量使自己变得更加快乐。经济学家看似找到了解决问题的办法，但实际上，效用大小如何测量仍然是一个未解的问题。当我们把财务思维用于广泛的场景时，会遇到非常多的无法用货币计量的情况，这时候为了方便计算和描述，我们也可以用类似经济学家创造"效用"概念的方法来应对。但很多时候我们并不需要精确运算，只要按照财务思维的方法来梳理和思考问题，往往就能得出答案。

五、权责发生制

有了货币这个计量单位后，会计核算还面临的一个问题是：什么时候进行收入和费用的记录。是收到钱时记录收入还是交付完产品后记录收入？是支付了款项时记录费用还是消耗了物品、服务后记录费用？

企业会计的确认、计量和报告应该是以权责发生制为基础的。权责发生制是现代西方财务会计传入我国之后会计界创造出来的。权责发生制的基础要求是，凡是当期已经实现的收入和已经发生或应当负担的费用，无论款项是否收付，都应当作为当期的收入和费用计入利润表；凡是不属于当期的收入和费用，即使款项已在当期收付，也不应当作为当期的收入和费用。

收付实现制是与权责发生制相对应的一种会计基础，它是以收到或支付的现金及时点作为确认收入和费用的依据。权责发生制是由收付实现制发展而来的。收付实现制核算程序比较简单，适用于商品经济发展初期或者比较简单的经济组织。比如，很多个体工商户和家庭是用收付实现制的方式记账，学校一个班级的班费也是用收入实现制记账。随着商品经济发展和信用制度的产生，商业活动越来越复杂，形式越来越多样，收付实现制计算当期收入、费用的准确度大为降低，因而逐渐被权责发生制取代。

采用权责发生制，不仅能正确核算出当期的损益，还能提供过去发生的关于现金收付的事项、即将支付现金的义务以及未来将要收到的现金等信息。为了更真实、公允地反映特定会计期间的财务状况和经营成果，会计准则明确规定，企业进行会计确认、计量和报告应当以权责发生制为基础。

权责发生制的适用情形在现实生活中广泛存在，看下面一个例子：

一家游乐场有两种定价方式，一种是每次购票后进场游玩，门票价格是50元；另一种是花365元办理年卡，全年每天均可入场游玩一次。张三采用第一种方式，李四采用第二种方式。

对张三来讲，花50元购买门票后，就取得了进场游玩的"权"，但同时也承担了支付50元的"责"，权责发生与现金支付和游玩几乎是同时的，这种情况用权责发生制记录还是收付实现制记录并没有差别，都是在游玩后记录50元的费用。

对李四来讲，花费365元办理年卡后，就取得了365次进场游玩的"权"，每次进场或者每过一天都会扣减一次机会，相当于从年卡中扣减了

1元，扣减1元就是每次游玩或每天的"责"。将李四作为会计主体，如果用收付实现制的方法记录，李四办理年卡时应记录365元的费用；如果用权责发生制的方法记录，办理年卡时只是一笔预付款，并不记录为费用，而是每天记录1元费用，直到365天后确认完毕。

权责发生制提示我们要全面地理解自身的权利和责任，不能因为一项责任还未发生支付，就忽略该责任的存在；同样，也不能因为一项已经具备的权利尚未产生收入，就认为收入没有实现。这都会形成错误的损益计算结果，并影响判断和决策。

六、最真的话

一家企业招聘会计，老板问了一个问题："一加一等于几？"

第一个会计说："很简单，等于二。"

第二个会计说："由于存在误差，不一定恰好等于二，有时候少一点，有时候多一点。"

第三个会计说："这取决于您的希望，您想等于几就等于几。"

第三个会计被录用了。

其实这是人们对会计最大的误解。会计是一种商业语言，是经济活动呈现和沟通的重要方式，与自然语言类似，是一种社会工具，受特定规则的限制。但是，自然语言的规则限制主要是语言符号之间的组织关系，即语法形式，而对于表意准确、措辞恰当等则没有过多要求。哪怕是内容真实这一基本要求，也只是在道德层面要求"诚实"，没有强制要求。

为了满足道德规范对诚实的要求，人们还常常施展"技巧"来应对一些尴尬的情形。比如，有的语言技巧告诉人们：对于一些不好的事情，你不可以把它说成好的，但你可以什么都不说。这样做仿佛没有违背道德上对诚实的要求，从而换来了心安。甚至有些法庭也认可这样的做法，我们在影视剧中都听到过这样一句话："你有权保持沉默，否则你所说的每一句话都将成为呈堂证供。"

法庭对语言的要求尚且如此，在其他场合下，语言更是充满了诡诈。女人抱怨"男人用最真诚的语气说着最不可靠的情话"；家长们颇有微词地诉说着家长群里"擅长语言表演的戏精"……人们早就发现了语言是如此不可捉摸，于是总结出"锣鼓听音，说话听声"这类俗语。

自然语言的这些问题在会计语言中不复存在。会计语言不仅要遵循语法规则，还要遵循质量要求，而且上升到了法律规章层面——《会计法》和《企业会计准则》对会计信息的质量都有相应要求，而且，《企业会计准则》还从不同维度做了细致的说明。

会计信息质量要求是对企业财务报告中所提供的会计信息质量的基本要求，是使财务报告中所提供会计信息对投资者等财务报告使用者决策有用应具备的基本特征，主要包括可靠性、相关性、可理解性、可比性、实质重于形式、重要性、谨慎性、及时性等。会计们学习会计时首先要学的就是这些要求，这已经成为会计入门必读。

可靠性要求企业应当以实际发生的交易或者事项为依据进行确认、计量和报告，如实反映符合确认和计量要求的会计要素及其他相关信息，保证会计信息真实可靠、内容完整。这个要求类似于自然语言里的"说话要诚实"。

相关性要求企业提供的会计信息应当与投资者等财务报告使用者的经济决策需要相关，有助于投资者等财务报告使用者对企业过去、现在和未来的情况做出评价和预测。在会计语言里，回避中心问题，顾左右而言他是不被允许的。

可理解性要求企业提供的会计信息应当清晰明了，便于财务报告使用者理解和使用。会计做到说实话、说相关内容还不够，还要求说得清楚明了，让人容易明白。

可比性要求企业提供的会计信息应当相互可比，同一企业不同时期可比，不同企业相同会计期间可比。会计语言除了让人看明白外，还要求方便读者进行纵向、横向比较。张三说，他生了一场大病，连续打了七天针；李四说，我生了一场大病，卧床三个月不能起来，按照张三和李四的说法，"大病"的标准差异很大。这种表述在自然语言里非常常见，但是在会计语言里则是不符合要求的,否则读者将无法比较和得出结论。

实质重于形式要求企业应当按照交易或者事项的经济实质进行会计确认、计量和报告,而不仅仅以交易或者事项的法律形式为依据。这意味着不允许会计对经济业务进行伪饰,而要求会计穿透伪装,反映实质内容。比如,当企业给予客户太长的账期时,会被要求将收入拆分为产品销售收入和资金利息收入。而自然语言通过描述表面现象来掩盖事情本质的情况则比比皆是。

重要性要求企业提供的会计信息应当反映与企业财务状况、经营成果和现金流量有关的所有重要交易或者事项。自然语言里对重要事项保持缄默的手法在会计上是行不通的。

谨慎性要求企业对交易或者事项进行会计确认、计量和报告应当保持应有的谨慎,不应高估资产或者收益、低估负债或者费用。会计人员平常所表现出来的谨小慎微也许就得于此条规则的教导。

及时性要求企业对已经发生的交易或者事项应当及时进行确认、计量和报告,不得提前或延后。

除了在法律规章层面对会计信息质量制定若干规则外,还专门为会计设置了一个职业——审计,审计人员对会计是否遵循这些规则进行检查并出具意见。

相对于其他领域的语言,会计语言有着最多的规范和最高的要求,可以说,会计语言是世界上最真的话。

至于那些实施造假行为的会计,则属于违反了相关规定,是严厉禁止的,一旦发现就会被按照相应标准进行处罚;另外,他们在会计语言上所犯的错误,其实恰恰是自然语言行为中的不良习惯在会计上的延伸。

213

第15章

财务估价：值多少钱

一、投资就是估价

　　财务估价是财务学中的核心问题，几乎涉及每一项财务决策。巴菲特认为，投资只需要学会两件事情：评估一家公司以及考虑市场价格。评估一家公司，是对公司进行估价；而考虑市场价格，则是将市场价格与估价进行比较，并据此做出决策。

　　财务估价是指对资产价值的估计，这里的"资产"可能是金融资产，也可能是实物资产，还可能是一家企业，甚至可以是任何一个需要做出价值判断的对象。巴菲特的投资对象一般是企业，所以他关注的重点在于对公司的估价，但这只是财务估价的一个方面。

　　财务估价的目的在于寻找被低估的资源，也就是价格低于价值的标的，以方便从中获利。每天，经济领域的交易活动都是在寻找这种机会，狭义的金融投资领域和商品流通领域表现得最为直接。在金融投资领域，金融资产的投资者买入一项资产前首先要对其价值进行判断，这种做法被价值投资者奉为圭臬，而投机者同样在寻找今天的价格远低于明天的价格（交易价值）的标的。在千万年来的商品流通过程中，商人们都奉行"贱买贵卖"，以赚取差价。"贱买"的前提是找到低估的商品，然后在另一时间或空间实现"贵卖"。司马迁在《史记·吕不韦列传》中说道："吕不韦者，阳翟大贾人也。往来贩贱卖贵，家累千金。""贩贱卖贵"即"贱买贵卖"。

　　当然，通过选取低估资源投资获利的方式并不都是左手买进、右手卖出这样的直接买卖，而很可能会经过一系列的包装，这种情况下的增值看起来更加合理，即使收益很高也会显得比较隐蔽。一些炒房者会在市场上低价收购紧急出手的毛坯房，经过装修改造后再次到市场上销售，以赚取比直接倒卖毛坯房更高的价差。股市中的市场操纵者会在低价阶段吸筹，然后配合故事、盘口信号等方式拉升股价，最后高位抛售。企业在做战略分析时需要对战略实施后的结果做财务估价，以确认战略的合理性，从战略分析到战略实施后的价值实现需要较长的时间和过程。

《管子·权修》中提到："一年之计，莫如树谷；十年之计，莫如树木；终身之计，莫如树人。"这是分别从一年、十年、终身的战略分析角度做出的财务估价，将"树谷""树木""树人"的价值分别与其投入进行比较，从而确认了这几类活动的可行性。吕不韦结交子楚，其前提也是先进行财务估价，得出"奇货可居"的结论，然后展开一步步行动，并最终获得巨额利润。

如果把投资和估价放在更广义的范畴内理解和运用，可以将所有资源投入活动看作投资，并把所产生结果的价值看作估价，那么，投资与估价将无处不在，购物消费、婚恋交友、理财、学习教育、技能提升、职业选择、人际交往等都存在这类活动。将投资的成本与该项活动的估价相比较，如果前者小于后者，并且达到了投资者的期望，投资者将会展开行动，否则，投资者将拒绝这项投资。可见，估价是投资中最重要的环节，投资的本质就是估价。

二、此价值非彼价值

财务估价是对资产价值的估计，这里的"价值"是指资产的内在价值，或者叫作经济价值，是指用适当的折现率计算的资产预期未来现金流量的现值。从面向未来这一决策属性来看，内在价值在财务估价中有着至关重要的意义，需要跟其他一些价值类型区分开来。

（一）账面价值不是内在价值

账面价值是一种历史成本价值，以形成资产过程中的交易价值为基础。一家企业购买一台设备，花费500万元，那么这台设备购入之初的账面价值被记录为500万元。随着设备的使用和时间的流逝，这台设备将产生折旧，会计在账面上会记录下折旧金额，并抵减当初的设备原值，其账面价值随之降低。会计在记录设备的账面价值时需要有合同、验收单、发票等原始凭证作为依据，这些原始凭证使得会计记录有依据、可靠，审计师在审计时也可以查验。账面价值的优点在于它的客观性，可以重复验证，让任何人看来都是有理有据，无从否认。

但账面价值依据的是历史交易价值，而经济主体在决策时需要考虑的是现实的和未来的信息，历史成本下的账面价值与决策缺乏相关性。比如，账面上记录的设备价值是500万元，但是，当产品的生产技术和工艺实现了新的突破，原来的设备大幅贬值时，账面价值500万元已经不能反映设备的实际价值。由于最近十几年不动产价值的大幅增长，很多企业所持不动产的账面价值已远低于其实际价值，账面价值为100万元的土地可能当下的市场价值已经达到1000万元。

账面价值总体来讲是一种历史价值，但也有例外。比如，对于银行存款、现金之类的资产来讲，账面价值记录的是当前的价值，当期银行存款100万元，在账面上也会记录为100万元。为了修正历史成本的缺点，很多国家的会计准则陆续引入了市价、可变现净值、重置成本、预计应收数额等多种计量方式，试图改善账面价值的决策相关性。因此，一家企业列示的各类账面价值就成了一个以账面价值为主、多种价值为辅的综合体。

账面价值的真正缺点是没有关注未来，对经济决策帮助不大。假如电视剧《都挺好》中苏明哲家里的老宅当年是花10万元购买的，在评估这座老宅的价值时，10万元的买入价格这一信息没有任何意义，反倒是一些没有在账上记录的诸如地段、交通、公园、学校等信息对其实际价值影响更大，这是账面价值的另一个缺点，即没有记录对内在价值产生重要影响的因素。

"士别三日，当刮目相看"也说明了账面价值的不可靠性。账面价值有点类似于刻舟求剑，在过去的时空里记录下了资产的当时价值，随着时空的变化，这个"刻痕"一直留在那里，而"舟"已经变换了地点。

（二）市场价值不是内在价值

市场价值是资产在交易市场上的价格，是双方讨价还价后的结果。如果交易双方都足够理性、聪明，且市场充分有效，即所有资产在任何时候的价格都反映了公开可得的信息，那么市场价值与内在价值就是一致的。

但在现实中，市场价值往往不等于内在价值，两者相等就像在刀尖上跳舞一样艰难。绝大多数情况下，市场都不是完美有效的，估价对象没有现成的市场价格。对于流动性极强的上市公司股票来讲，虽然有交易市场，也有现成的市场价格，但是这个市场并不完善，所以才有了股价的频繁波动。对于一些估价标的来讲，连找到可以参照的市场可能都存在困难，比如非上市公司、孤品字画，更别提完全有效市场了。

有时候，即使存在一个相对成熟的市场，但是买卖双方经常存在严重的信息不对称，不都是足够理性和聪明，双方预期也会存在较大差距，由此形成的交易价格也不会是内在价值。在现实中有很多民事纠纷经常由此产生，卖方由于对所卖物品的价值不够了解，以极低的价格出售给了买方，事后得知物品的合理市场价值后，又去向买家追索。在房价上涨期间，卖方违约的现象变得常见，就是由于卖方对市场的估计存在不足。但更多的情况是，在一项交易中买家会付出相对较高的价格，即所谓"买的没有卖的精"，这是因为卖方已经持有这项标的较长时间，对标的特征有更多的了解，掌握了更多的信息，而买方则对标的信息的掌握不够充分，这一点在二手车等旧货市场上尤为明显。

（三）清算价值不是内在价值

清算价值是指企业清算时一项资产单独拍卖产生的价格，清算价值是企业进行清算的假设情景，而一般情况下内在价值的假设情景是持续经营。对企业来讲，持续经营价值是企业持续正常营业下的价值，对于其他标的来讲，则是按其正常功能持续运转下的价值。

如果一个标的的持续经营价值低于其清算价值，就应该进行清算。夫妻双方离婚就是因为一方或双方认为持续经营价值已经小于清算价值，其他组织或者团队破裂、分立也是由于持续经营价值小于清算价值。如果不是急需用钱或者有更好的项目，一个人出售持有的带租约的房产就是由于他认为持有房产的持续经营价值已经小于清算价值，其他投资物的卖出也是类似。

价值大小的评估同样要看站在哪个主体的角度，应当遵从会计主体假设，对一方具有价值也可能对另一方形成亏损。夫妻双方一方要离婚，而另一方则不同意，就是站在不同主体的角度得出的不同结论。

三、估价不复杂

内在价值不是账面价值，不是市场价值，也不是清算价值，那么如何进行财务估价呢？

财务估价有很多方法、模型，这些模型有的简单粗糙，有的精致复杂。简单粗糙不等于准确性差，精致复杂也不代表更高的可靠性。经常使用的财务估价模型有两类：一类是现金流量折现模型，另一类是相对价值模型。

现金流量折现模型的基本思想是，任何评估对象的价值就是其产生未来现金流量的现值。这一方法在财务学教科书以及估值实务中起着主导作用，其核心技术是一系列现金流的终值、现值计算问题。现金流量折现模型的使用关键是预测出未来各期的现金流量，这可是一个大难题，不同人的预测千差万别，当然估价结果也就大不相同，因此，这个方法只是提供一个估价结果，至于准确性就不得而知了。

相对价值模型是运用一些基本的财务比率评估标的相对于另一参照物的价值，这里的参照物应该具有一定的可比性。比如，评估一家上市公司的股票价值，可以用"每股价值=市盈率×目标企业每股收益"这个公式来进行计算。相对价值模型的特点是主要采用乘数方法，较为简便，如P/E估值法、P/B估值法、EV/EBITDA估值法、PEG估值法、市销率估值法、EV/销售收入估值法等。相对价值模型其实很简单，在经济活动中人们一直都在使用。

王婆摆摊卖西瓜，看到旁边的赵大妈卖3元一斤，王婆认为自己的瓜花纹更好看，吃起来更甜，应该卖3.5元一斤比较合适。对于王婆来讲，赵大妈的瓜就是参照物，通过对比赵大妈的瓜，王婆得出了自己卖的西瓜的价值。

老王为了出售自己的房子，询问中介本小区房源的价格。中介告诉他10楼的老孙才卖了房子，面积基本一样，但是户型和朝向有些差别，成交价格180万元。老王心中盘算，他的房子虽然楼层矮些，视野不太好，但装修、户型和朝向要好一些，总体来看应该比老孙房子的价值更高些，在老孙房子成交价的基础上增加10%比较合理。于是，老王告诉中介自己的房子准备卖198万元。

简言之，相对价值模型就是找一个参照物，看下估价对象与参照物有哪些差别，是比参照物更好还是更差，好的话好多少，差的话又差多少，然后据此对参照物的价值做个调整，得出估价对象的价值。相对价值模型不仅在商品交易中被人们使用，在日常生活的其他方面也被广泛运用。

一个女孩看到姐姐找了个老公，发现"姐夫为人不错，而且英俊潇洒"，通过对比自己与姐姐的条件后，认为自己也应该能找到一个与姐夫相当的，这是相对价值模型在婚恋市场上的应用。小张和小李工资水平基本一样，后来小李跳槽了，工资涨了1000元，小张想到自己跟小李都是本科毕业，工作经验和岗位也差不多，觉得自己的工资低了，于是也萌生了跳槽的想法，这是相对价值模型在人力资源市场方面的应用。在生活中类似的应用还有很多。

财务估价虽然以量化结果呈现，但它是一种评估的价格，评估与计算是两回事。评估经常是主观手段和客观手段相结合，一方面要用到一些定量的方法，另一方面又要用到许多主观估计的数据，不同的评估主体经常得出不同的结论。评估过程中方法和模型的适当性固然重要，但绝不是随便找几个数据代入模型即可得出完美的结论。评估当中存在一定的合理误差是不可避免的，而数字计算则是有确切答案的，只要计算准确，谁来计算都会得出同一结果。

财务估价更像一种分析方法，逻辑合理比计算准确更为重要，而逻辑的合理性关键在于理解。建立了合理的概念框架后，在充分理解估价原理、估价对象、市场环境、未来趋势的基础上，选择合适的估价方式，即可得出有意义的估价结论。

第 16 章

财务预测：透视未来

一、无预测不决策

预测是根据已知事件推知未知事件，是人类探索未来的一种认识活动，是认识主体对认识客体未来发展的一种预先反映。预测实践历史悠久，源远流长，历史上留下了很多关于预测的故事，古人用的一些预测工具在今天仍广为传播。

随着科学技术的进步和工具的革新，预测技术在近代得到了很大发展，更多量化的复杂预测模型出现，预测结果也更为科学有效，天气预报的准确度已大为提高。预测学逐步成为一门综合学科，在社会、经济、军事、科技等方面得以运用。为了做好预测工作，世界各国都出现了很多预测机构，政府也设置了一些专职预测部门，我国的国家信息中心和地方各级信息中心就具有很多预测的职能。

当人们预测到某一事物的发展趋势时，会根据趋势做出趋吉避凶的行为选择，也就是产生了决策行为。如果趋势是好的，人们会顺应或者促进这种趋势；如果趋势是坏的，人们会试图扭转或者减弱这种趋势。

投资者预测某类资产价格会上涨，就会产生投资行为；农民预测今年棉花价格会比较高，就会多种棉花；马云预测网上购物会发展并产生巨大的交易额，就创办了阿里巴巴；政府部门预计房价可能会产生大的泡沫，就通过各种手段对房价进行干预；等等。总之，人类活动与预测有很大关系，甚至可以说，没有预测就无法决策。

对于财务活动来讲，预测同样有着重要意义。财务预测是依据过去和现在掌握的资料，对组织未来各项财务活动的发展趋势和结果进行推测判断，是财务管理的重要环节。企业的财务活动主要有融资、投资、资金分配以及日常经营等，为了开展这些财务活动，需要从相应方面进行预测。比如，在融资活动中，需要对资金的需求量进行预测；在投资活动中，需要对投资项目的未来收益及现金流量情况进行预测；在资金分配活动中，需要对未来的资金盈缺进行预测；在日常经营活动中，需要对未来的市场空间、销售价格、成本变动等进行预测。企业财务预测就是围绕融资、投资、资金分配、日常经营等财务活动展开，具体预测内容主要是资金、成本、销量、价格、利润等。

财务预测方法分为定性分析预测法和定量分析预测法两类。定量分析预测法需要一定的统计资料，运用数学方法进行加工处理，揭示财务变量之间的规律性关系，并以此作为预测的依据。定量分析预测法一般分为时间序列法、因果预测法、其他财务预测法三种。

时间序列法是从财务指标过去的数据推演未来的变化，其隐含的假设是"未来是过去的延伸"，各种影响因素的综合影响方式在考察的时间段内保持不变。当然，这种假设有时候会存在问题。比如，有人说房价过去10年翻了几番，按照这种趋势未来10年还会翻几番，但同时也有人说："树不会一直长到天上去。"

因果预测法是依据财务指标之间的因果关系，建立因果预测模型，包括一元线性回归预测法、多元线性回归预测法、非线性回归预测法等。这种分析一般也是根据历史数据进行分析，建立模型，并代入未来的某一变量值，进而得出另一变量的值。比如，总成本中固定成本和变动成本的构成关系、制造费用与人工时间的关系等可以用因果预测法进行研究和预测。财务预测中还经常会用到本量利分析法、比率分析法等，这类方法是根据预测变量之间的确定性关系建立预测模型，并借此进行财务预测。

定性分析预测法是根据知识、经验、感觉等进行分析判断，并得出预测结论。与定量分析预测法相比，这种预测方法在缺乏完备的统计资料或主要影响因素难以量化的情况下运用。市场调查法、德尔菲法等都属于这类方法。

定性分析预测法虽然看起来数据支撑不足，但很多时候其准确性并不比定量分析预测法的结果差，甚至比定量分析预测法的结果更加准确。比如，我们考虑某原材料一年后的价格变化，是用定量分析预测法还是用定性分析预测法呢？如果能够找到原材料价格的量化影响因素，并能够对这一影响因素的未来情况做很好把握，定量分析预测法的结果会比较准确。但实际上，原材料价格是多种因素的综合影响，而这些因素很可能不能量化,即使能够量化,也不能用某一预测模型全部涵盖进来,这样的预测效果自然会大打折扣,最终可能还不如定性分析预测法的预测结果可靠。

1894年的伦敦是全世界最大的城市和世界贸易中心,冒着浓烟的烟囱和无数的马车代表着这个城市的繁荣。在当时,马匹是交通运输的代名词,就像今天的汽车一样。数以万计的马生活在这个世界最繁华的城市,一匹马每天要制造15~35磅(1磅=0.4536千克)不等的粪便,堆积在街上的大量马粪带来了环境危机,并成为一种社会问题。《泰晤士报》预测:"到1950年,伦敦的每条大街都会堆积起3米深的马粪。"《泰晤士报》的量化预测有理有据、资料翔实,但是结果错了。

很多情况下,定量分析预测法下会隐含大量的假设,比如宏观经济指标、市场发展速度等,而这些假设很可能是与现实相左的,据此得出的结论也就失去了意义。因此,财务预测的关键在于把握事物发展的主要矛盾,而不在于对数字的演算。

财务预测不只是企业的独有行为,任何经济主体都可以也有必要进行财务预测。生活中很多重大的经济决策都是基于财务预测,比如购买什么价格的汽车,按揭贷款的金额和年限,生育子女的数量,购买保险的种类和投保金额,等等。

二、工具化的全面预算

财务预测是对财务指标未来趋势的分析、判断,目的是指导行动,辅助决策。财务预测经常与全面预算结合起来使用。根据财务预测和经营目标,企业可以制定出不同时间长度的经营计划,而企业经营计划又需要通过一定的工具来呈现和控制实施。全面预算就是这样的工具,它既是决策的具体化,也是控制企业经营活动的依据。

全面预算对现代企业的成熟与发展起到了重要的推动作用,是企业内部管理控制的一种有效方法。这一方法在通用电气、杜邦、通用汽车等率先应用,并很快推广到众多的大中型企业。

全面预算反映的是企业未来某一特定期间的经营情况，它以企业的经营目标为导向，以销售预测为起点，进而对生产、成本、资金收支等进行预测，并编制预计利润表、预计资产负债表、预计现金流量表，覆盖了企业采购、生产、销售、融资等各个环节和所有职能部门的工作。简单来讲，全面预算就是为了实现企业的经营目标而对各方面工作的计划安排。

根据预算期的长短，全面预算可以分为长期预算和短期预算。长期预算包括长期销售预算、资本支出预算、长期筹资预算、研究开发预算等。短期预算是指年度或者更短的季度预算、月度预算。

不只企业有计划和预算，家庭也有类似经营计划和全面预算的行为。比如，一个家庭将10年内实现财富积累1000万元作为目标，其中400万元以工资收入的方式实现，600万元以投资的方式实现，这就是家庭的经营计划。在此计划下，这个家庭对于不动产、金融产品、股权等的投资安排就是一种长期预算。如果这个家庭第一年的目标是实现财富增量80万元，这个80万元就是年度经营目标，对当年家庭收入来源和各项支出的安排就是短期预算。

企业的全面预算一般包括销售预算、生产预算、销售费用预算、管理费用预算、现金预算、利润表预算、资产负债表预算，其中生产预算又包括材料预算、人工预算、制造费用预算、产品成本预算等。全面预算中的每一专项预算都可以分为更具体的预算，比如材料预算可分为不同产品的材料预算，销售费用预算可分成不同类别的销售费用预算。

全面预算的编制方法包括固定预算法、弹性预算法、增量预算法、零基预算法等。

固定预算法也叫静态预算法，是以预算期内正常、可实现的某一固定业务量作为基础来编制预算。比如，从销售量出发，可以编制生产预算、采购预算等其他一系列相关预算。

弹性预算法也叫动态预算法，是以业务量、成本和利润之间的依存关系为依据，区分变动成本和固定成本，进而建立起业务量与成本、利润间的数量关系，并按照预算期可能的各种业务量水平，编制出不同业务量水平下的预算。

弹性预算与固定预算的区别在于弹性预算考虑了多种业务量情况,而固定预算只考虑了一种情况。如果一家餐馆只考虑100人就餐情况下的人员、食料和资金安排,这就是固定预算;如果这家餐馆还考虑了120人、150人、180人、200人等不同情况下的人员、食料和资金安排,这就是弹性预算。对于随业务量变化的变动成本项目采用弹性预算法更合适,而对于不随业务量变化的固定成本项目则可采用固定预算法。

增量预算法是在基期水平基础上,分析预算期业务量水平及有关影响因素变动,通过调整基期项目及数额编制相关预算的方法。也就是说,通过对基期数据的增减调整来编制预算。零基预算法是以零为基础编制预算,不考虑基期的情况,只根据预算期的需要对相关项目进行预算编制。

增量预算法是认可了基期的一定合理性,认为基期数据具备参考价值,而零基预算法则是推倒重来,不认为基期数据具有参考意义。采用增量预算法还是零基预算法应结合具体预算项目来分析,不必都采用同一种方法。如果某个销售办事处的地理位置、办公面积和单位租金没有变化,而只是物业费有所调整,就可以采用增量预算法;如果认为这个销售办事处的地理位置过于繁华且面积过大,应该换到另一区域并减少面积,则应采用零基预算法。

作为工具,编制全面预算只是第一步。通过全面预算这一管理方式,可以明确经济主体预算期内的经营活动目标,做好各项资源安排与准备,协调各部门关系,控制日常经营活动,评价实际工作业绩,激发员工的积极性。

全面预算是企业经营计划的全面推演,就像军事中的沙盘模拟演练。作为一种经营计划的工具,全面预算的思维不仅适用于企业,也适用于所有主体的财务活动和一些非财务活动。全面预算管理的实质是对有限资源进行合理配置,是用联系的、发展的、全面的观点看问题的典范。资源稀缺是企业面临的永恒问题,企业在整个生命周期内所做的努力都是通过自身拥有和能够获取的资源实现经营目标。其实,不仅是企业,相对于自身目标而言,所有主体都时时感受到资源的稀缺,其每天所做的事情就是获取资源、组织资源、使用资源,从而让自己向目标靠近。因此,全面预算管理的思维方式几乎适用于所有主体的所有活动，比如时间管理、精力管理、健康管理、产业管理、人口管理等。

三、计划赶不上变化

"人无远虑，必有近忧""凡事预则立，不预则废"都告诉人们要未雨绸缪，做好计划安排工作，但同时，"计划赶不上变化"也常常被人们挂在嘴边。其实两者并不矛盾，计划让人们对未来有所规划和预期，并据此制定行动方案，但事物的实际发展与计划设想必然或多或少存在差异，很多时候这种差异并不意味着计划完全无效，而是需要做些调整。全面预算作为现代企业重要的管理工具，同样面临类似的问题。

全面预算是企业的整体收支规划，在执行过程中，由于市场环境、经营条件、政策法规等发生重大变化，可能致使预算编制的基础不成立或者预算执行结果产生重大偏差，企业就需要对预算进行调整，以便让预算更加切合实际。严重影响预算执行的可能情况包括：董事会调整公司发展战略，市场需求、技术变革等客观环境发生重大变化，公司内部条件发生重大变化，自然灾害等不可抗力带来重大影响，等等。

但是，预算一旦经过批准，一般情况下不能轻易调整。当出现影响预算的重大因素时，应首先通过内部挖潜或采取其他措施弥补，只有在无法弥补的情况下，才能提出预算调整申请，并且要经过严格的审批程序。

有时候实际情况与预算的重大差异是由于预算管理经验不足，对未来的分析判断偏离太多，这种情况下及时进行预算调整也是必要的，否则就是给自己制造麻烦，会将预算管理引向绝路。前些年人们刚开始使用汽车导航系统时，会发现导航系统指引的路线有时候是一条断头路，如果这个时候还不进行调整，必然会困在那里无法前进，预算管理也是一样。

预算管理的相对刚性和特定条件允许调整体现着对客观规律的尊重。一个人制定了健身计划，规定自己每周安排 5 次跑步，如果因为一些小困难（比如心情不好、工作有点累）就放弃跑步，整个健身计划必然无法真正落实，但如果已经生病住院，还要坚持去跑步则明显不太合适。

为了让全面预算更具现实性，并对业务进行动态反映和预警，可以通过滚动的方式编制预算。滚动预算是在上期预算完成情况的基础上，调整和编制下期预算，并将预算期间逐期连续向后滚动推移，使预算期间保持一定跨度。滚动预算可以按月度、季度、年度等进行滚动。与滚动预算对应的是定期预算，定期预算是以固定不变的会计期间编制预算的方法。

在全面预算总体刚性的原则下，一般情况下年度预算要保持刚性，非满足特殊条件不能调整，而月度预算和季度预算则可以根据过去时间的实际业务情况进行调整，这样可以实现刚性和柔性的结合，更好地指导日常业务执行。但是，需要注意的是，即使采用滚动预算，业绩评价也仍以年度预算为标准。月度和季度的滚动预算以年度预算为参考，根据市场和经营活动的变化进行适当调整，以此指导企业经营，使企业更好地应对实际发生的变化。

预测和计划能够让我们提前分析和探究未来，尽量把握经济活动的发展趋势和规律，加深和细化对经营活动的理解和掌控，对经济主体的活动有着重要意义。但是，预算调整告诉我们，预测和计划是为目标服务的，不能为了计划而计划，当情况发生重大变化时，及时调整是非常必要的，不撞南墙不回头的做法并不值得鼓励。

第 17 章

回到现实：始于足下

一、创意带来价值

不管财务上的计算如何精准,计算本身并不会带来收入,更不会带来利润。利润来源于价值创造,经济活动不过是价值创造的过程。市场功能的核心在于帮助交易各方感知产品或服务的价值。如果客户认为在交易中感知到的价值大于其为此而付出的代价,就有可能产生交易。

让客户感知价值既可以来源于一般的常规活动,比如提供大众化的产品或服务,如衣服、鞋帽、白色家电、餐饮服务等,也可以来自更具创造性的活动,创造性的活动更容易带来高额利润。创造性的活动不局限于提供新的产品,在产品改良、产品交付、物流、销售渠道、购买体验等所有客户重视的方面都可以体现创意。这些创意只要能够让客户感知到更多的价值增量,就有可能带来超出市场平均水平的回报。在大众消费领域,苹果公司的产品是近些年通过创意获取超额利润的典型代表;在交易模式方面,阿里、京东等电商平台一路高歌猛进,"双十一"购物节的打造更是成为销售活动的传奇经典。

获取超额收益有三个环节:首先是发现新的价值机会;其次是价值创造过程,设法形成更有前景和价值的产品;最后是考虑怎样结合自己的资源能力有效地将价值传递给客户。在这三个环节中,任何一个环节都可以增加创意,并且任何一个环节的创意都应传递给客户,使其感知到价值,不然高的收益率就无法实现。

创意带来价值不仅适用于企业,也适用于其他经济主体。一个国家或地区对自身的定位与打造,一个人在职场上对自身价值的培育,都适用这一原则。

不同主体应根据自身情况发现、选择和实施创意,而不能照搬照抄。为了和兔子进行赛跑,乌龟投入了大量的时间与精力研究和训练跑步速度,最终当然会有所进步,会超过一般乌龟的爬行速度,但是与兔子相比,奔跑速度仍然会存在极大差距。如果兔子和乌龟花费了同样的成本来训练跑步，兔子无疑会得到更大的回报。从结果来看，机会并不是人人均等，乌龟选择赛跑项目本身就是一种错误。更为合理的做法可能是：兔子在跑步方面寻找创意，乌龟在游泳方面寻找创意。这是比较优势原则告诉我们的结论。

比较优势原则是说专长能够创造更多收益，这种收益不只是经济利益。郎朗弹奏钢琴非常成功，但让他去演奏小提琴就会降低其成功程度（收益水平）。一个人擅长画画，如果让他去工地搬砖，获得的收益就没有画画多。每个经济主体去做自己适合的事情，社会的运转效率就会提高。对于自己不擅长的事情，就让其他经济主体去做，根据自己的能力做事非常重要。比较优势原则是国际贸易活动产生的理论基础，同时也应是地区产业分工、企业经营范围选择、个人事业选择的指南。乌龟如果毕生致力于研究如何与兔子赛跑获胜，必定收获甚微，对其一生来讲也是一种浪费和悲哀。

在一些婚恋综艺节目中，经常有女嘉宾用"hold 住"或者"hold 不住"来描述自己对某位男嘉宾的感觉。"hold 住"就是对方是自己善于把控和可以舒适相处的类型，而"hold 不住"就是在对方的某些特征面前自己缺乏专长，无法舒适地与对方相处，这是比较优势原则在婚恋方面的应用。门当户对背后隐含的婚姻生活状态是夫妻双方更大概率能够互相"hold 住"，这样的家庭更加平衡稳定。

从单独一方来讲，具备比较优势可以获取更大收益，如果把具备各种比较优势的主体纳入己方阵营中，己方的获利能力会更为强大。合资、合并、收购等资本市场上的一些运作如果按照这样的原则来开展，对企业将产生更大价值。历史上各种势力之间的联姻、结盟也是在互相借用比较优势。有人说，"穷帮穷，越帮越穷"，其实是没有利用比较优势，在财富面前，穷人没有比较优势，互相帮忙仍然没有比较优势。如果富人提携穷人，那情况就大不相同。

通过比较优势的思路发现价值机会并着手价值创造后，如果发现事情不像自己当初预想的那样，就应该及时停止或者做出调整。这种允许停止或者调整的选择权是一种期权，期权是有价值的。

期权的概念最初产生于金融市场上的期权交易,是指期权购买者能够要求期权出售者履行期权合同上载明的交易约定,而期权出售者不能要求期权购买者去做任何事情。广义上,可以把任何不附带义务的权利都看作期权。

许多资产都隐含有期权。比如,老王投资的股票已经被套,如果股价回升到期望值,他将考虑出售;如果价格达不到期望值,他可以继续持有,出售或者持有老王是可以选择的。考虑另一种情况,如果老王急需用钱,而又缺乏其他能够及时变现的资产,不得不以亏损价格卖出股票,这时老王就别无选择。很明显,对老王来讲,在有选择权的情景下股票价值更大,因为这意味着获利更多或者亏损更少。

期权这种选择权在经济活动和生活中广泛存在。一个投资项目获利能力不达预期,能够转让与不能转让的情况相比,前者更有价值。一项资产是否有公开交易市场对其价值有重要影响,所以上市公司的股权比非上市公司的股权溢价更多。一个人通过提升自己的技能,从而增加事业上的选择权,这是一种自我增值。部分迟迟不结婚的人士实际上也是给自己保留了一种期权,他们认为这样做的价值更大。

人们常常用"走投无路"来形容没有期权可以行使,也常常用"不要在一棵树上吊死"来劝别人不要忘记自己还有期权。有期权,就还有后路。

二、读懂交易对手

在买卖、借贷、谈判、合作等经济活动中通常都是由两方或两方以上共同参与,除自己以外的其他方都可以称为交易对手。买卖是一项交易,买卖双方互为交易对手。合作同样也是一项交易,合作各方关于权利和义务的约定本质上是一种利益交换,合作方同样也是交易对手。各经济主体的存活和经营就是持续不断地与各种各样的交易对手进行交易的过程,理解交易对手有着重要意义,知己知彼,方能百战不殆。

第 17 章 回到现实：始于足下

理性经济人假设是经济学中最基本的假设之一。交易对手参与经济活动，首先是以自利为原则。在交易过程中，人们对每一项交易都会衡量其代价和利益，并且会选择对自己最有利的方案来行动。我们认为交易对手秉持自利原则，并不意味着钱可以代表一切，或者说钱是最重要的东西。人们的自利原则不一定都是金钱上的自利，有时候这种自利是通过其他方式实现，比如道德、情感、感官舒适、心情舒畅等。

虽然都是自利，但也有高尚与卑劣之分。雷锋同志、白求恩医生等先进模范人物的表面利他可以理解为一种精神和道德上的自利，这是高尚的自利行为；贪腐官员在财物、享乐方面的贪婪是金钱和感官上的自利，这是卑劣的自利行为。更多情况下，人们在遵守公序良俗的基础上追求自身利益，是为社会所允许和接受的。

日常生活中的一些词句体现出人们对自利行为的认识，比如"无事献殷勤，非奸即盗""天下没有免费的午餐"，这些词句提醒人们不要忘记交易对手的自利特征，否则就可能会吃亏。当你以为是馅饼的时候，很可能是陷阱。

交易对手既然是在自利动机的驱动下进行交易，如果没有利益，交易对手就不会参与交易。在交易过程中，不仅要认识到对方的自利动机，还要让对方有利，否则交易就无法达成，自身利益也就无法实现。财务学上有个术语叫作"双方交易原则"，用来描述一项交易中至少存在两方的现象。双方交易原则要求重视交易对手的存在，并且正确预见对方的反应。

交易对手为了获得更多利益，常常会施展各种交易策略，做出各种声明和行动，以此影响对方的判断和决策，从而达到获取更多利益的目的。但是，行动信号比语言更有说服力，更具可信度，听其言更要观其行。在交易过程中，要注意分析和判别交易对手传递出来的各种信号的真实含义。

在街边的水果摊前我们常看到这样的场景：一位顾客边挑拣摊位上的桃子边说："桃子成色不好，价格便宜点。"水果摊老板则笑呵呵地说："进价高，没法便宜了。"然后，顾客挑了一些桃子付钱离开了。当顾客开始挑拣桃子的时候，从行动上已经认可了这些桃子，价格少不少已经无所谓了。

在二手房市场上，最常见的一个卖房理由就是"家里急需用钱"。卖方见到意向买方时，会强调自己卖出房子是多么迫不得已，真心舍不得卖。其实哪里有那么多"急需用钱"，很多卖房人无非是觉得房价已经到顶或者上涨幅度难达预期罢了。而买方也是一样，通常会在卖方面前强调自己可买可不买，如果卖方不降低点价格，自己就再多看看。但是，卖方即使不降价，很多时候也成交了，其实买方的真实想法是"不能再看来看去了，否则房价还要涨更多"。

在资本市场上，一家上市公司的高管一边对媒体说公司业务经营状况良好，未来前景广阔，另一边却在市场上减持股票，这就需要对这家公司的实际经营情况多加注意。券商的研究报告在看多时可能是为了关联利益主体出货，而在看空时可能是为了低价收集筹码。

有时候交易一方也会利用行动的信号传递来迷惑对方，明修栈道，暗渡陈仓。在军事上这种案例数不胜数，所谓兵不厌诈，在交易中同样也是如此。很多股民为了赚钱，对"跟庄""擒牛股"情有独钟，而庄家则常常通过各种信号迷惑股民，操纵股价，并借此获利。在一些商业广告中，常见到对信号引导的应用，比如一个明星打广告说"××产品，群众都说好"，人们看到这个广告会想，既然明星说好，群众也都说好，那应该差不了吧，于是产生了购买行为。

交易的存在不限于经济活动，几乎所有由两方或两方以上参与的活动都含有交易成分，而且这个成分还不小。运动会、同学聚会、外出踏青、团队活动、相亲交友、交际应酬、集体维权、为民请命等，都隐含着交易。有交易就有交易对手，为了更好地参与这些活动，实现自身的利益诉求，就需要读懂交易对手。

三、不完美即机会

市场作为各类主体开展经济活动的场所，是有效公正地撮合交易还是存在缺陷呢？人们对市场效率的判断是一个市场观的问题，类似于世观。有人认为市场是有效的，所有价值机会都已经被发掘殆尽，几乎不存在获取超额利润的可能；而有人则认为市场并不充分有效，市场上永远不缺机会，只是需要用慧眼去发现。

不同的市场观伴随着不同的行为表现。有些人会觉得做什么都不赚钱，于是放弃寻找和尝试；而有些人认为市场并不完美，低估的资产和财富机遇永远存在，他们会积极地寻找和捕捉市场机会，并有更大概率获得超额的财富回报。

在财务学上，一般认为市场总体而言并不是有效的，因此通过有创意的经济活动可以获取超额利润。但是，对于证券市场这一个别市场，有种观点认为市场上频繁交易的金融资产的市场价格反映了所有可获得的信息，而且面对新信息完全能够迅速地做出调整，即市场是有效的。

有效市场假说由美国芝加哥大学金融学教授尤金·法玛于1970年提出，这一理论有着严格的假设条件，包括市场参与者足够理性、能够对所有市场信息做出合理反应，而且市场是法律健全、功能良好、透明度高、竞争充分的。显然，完全符合这样条件的市场是不存在的。

如果最为发达的证券市场都不是完全有效的，那么其他市场就更存在缺陷了。市场不完美的原因是多种多样的，既包括市场本身的原因，比如制度安排、功能设计、透明度、竞争状况、信息传播方式等，也包括市场参与者的原因。市场参与者并不是充分理性的，对信息的掌握和处理的能力也是参差不齐的。网上流传的某商业大佬的一句话是这样说的：任何一次商机的到来，都必将经历"看不见""看不起""看不懂""来不及"四个阶段。这句话说明一个细分市场从萌芽到成熟需要一个过程，在整个发展过程中的细分市场都是不完美的。实际上，即使到了成熟阶段，市场仍然谈不上完美。

不完美恰恰孕育了机会。收藏家马未都在节目中经常讲到自己捡漏的故事，让人感觉他简直就是捡漏大王。如果古玩市场是有效的，马未都就不会有捡漏的机会。阿里、京东等电商平台虽然让消费者对各类商品的价格和口碑有了更充分的了解，但对电商平台这个市场而言，却是由几家巨头组成的垄断市场，商户们都在为日益增长的电商平台费用而煎熬。从某种意义上来说，人类历史上很多获得超额利润的生意都是由于不完美市场的存在。

在非经济活动的市场中情况也是如此。在电视剧《都挺好》中，苏大强的岳母看中了苏大强的城市身份，想让女儿拉弟弟妹妹一把，把户口也转到城市去，于是违背女儿的意愿，哀求女儿嫁给了苏大强。这里的婚姻市场就不是有效的，否则苏母既然看不上苏大强，完全可以选择同样具备城市户口的其他男人，而在非有效婚姻市场中，她没有更多选择，这也造成了她一辈子对苏大强的不满和婚姻的不幸。这段故事虽然是几十年前的事情，但时至今天，婚姻市场仍然不够有效，否则就不会有大量单身者苦于缺少靠谱的相亲对象。婚恋网络平台的价值就在于减弱了婚恋市场的无效程度，并形成了一个大的产业。人力资源市场同样也是非有效市场，否则在工作中就不会有选择大于努力的说法，综合能力相当的两个人在不同单位工作，其价值发挥和获取的回报差异甚大。

在不完美的市场上，交易标的并没有完全公平合理的价格，交易各方对标的的价值判断也不一致，成交价格是交易各方讨价还价的结果。交易之所以存在，就是由于双方对标的的价值判断存在差异。买方认为标的的市场价格低于其内在价值，于是买进；而卖方则认为标的的市场价格已经高于其内在价值，于是卖出。由于买卖双方的估价分歧，在交易过程中又都认为自己正确，往往会在心里认为对方是个傻瓜。到底交易各方谁是傻瓜需要事后用事实来验证，不过，掌握更多相关知识、认知水平更高的人的判断可能更接近事实。马未都之所以能够捡漏，就是由于马未都具有古玩收藏的知识和经验，而交易对手很可能对此一窍不通，仅仅看到了标的的外观和使用价值，这显然不是古玩的真正价值所在。

一个市场上通常会有大量的参与者，从而形成群体，群体的心理特征与个体存在差异。处于群体中的个体常常不能独立判断，而是会受到群体的影响。一个人买房子时可能并不知道这个房子到底值不值钱，但是看到周边的人都买了，自己也就跟着买了。行为金融学发现了羊群效应、过度反应、过度自信、锚定效应、损失厌恶等众多的人类认知偏差，对于市场交易者而言，存在这些认知偏差不一定是坏事，市场中大众的非理性往往伴随着大机会，但关键在于能够觉察和驾驭它们。

所以，不要为市场的不完美而感到遗憾，对于聪明的参与者而言，不完美恰恰是机会，超额收益也必然来自不完美的市场。若想在不完美的市场中获利，除了让自己更加专业和对市场更加敏感外，修炼心性也是不容回避的课题。"别人恐惧时我贪婪，别人贪婪时我恐惧"，这是"股神"巴菲特的著名投资格言，但是，要做到这点非常不容易。

四、奔赴目标

1954年，管理学大师彼得·德鲁克在其名著《管理的实践》中提出了"目标管理"理念。德鲁克认为，并不是有了工作才有目标，而是有了目标才能确定工作，因而企业的使命和任务必须转化为目标，如果一个领域没有目标，这个领域的工作必然被忽视。目标管理理论的提出是德鲁克对管理学界的一大贡献，美国前总统布什在把2002年度的"总统自由勋章"授予德鲁克时，便指出他的三大贡献之一就是提出了目标管理理论。

财务管理是典型的目标管理（尽管它出现的时间比目标管理理论要早很多），财务思维体系的首要思维就是目标思维。商学院财务学课程的第一课，常常会讲到企业的目标。通常的说法是，企业的目标是盈利，虽然同时会有提高品牌美誉度、扩大市场份额、提高产品质量等多种目标，但是，盈利是企业最基本、最一般、最重要的目标。盈利不但体现了企业的出发点和归宿，而且可以涵盖其他目标的实现程度，并有助于其他目标的实现。在明确了企业的目标之后，财务学又进一步明确了各项财务活动的目标，在此基础上探讨实现目标的方法和路径，进而形成了完整的财务学体系。

从生活的角度看，每个人的目标都是追求幸福函数最大化。幸福函数之下，还有一级函数、二级子函数、三级子函数……它们共同构成了不同层次和不同方面的目标，并织成了人类的行为意义之网。通常情况下，人们的大部分行为都是利己的，但也有一些行为表面看起来是利他的，比如舍己为人。一种行为的利他与利己其实并不矛盾，这项行为在客观上利他的同时，往往还会对自己的幸福函数中某个子函数（比如价值实现函数）产生影响，从而收到助人为乐的效果。

目标不清晰和目标不统一是需要我们警醒的两个重要问题。

目标不清晰有时候体现为不知道目标是什么，找不到行为的意义，比如有人说"不知道为什么要买房子"；有时候则体现为资源分散，不能聚焦，比如有的企业虽然知道要赚取利润，却在迎来送往、坐而论道等方面投入了过多资源。

目标不统一主要体现为主体之间的目标差异，考勤打卡是因为老板和员工的目标不统一，"作壁上观"是因为诸侯之间的目标不统一。站在整体角度来看，目标不统一往往意味着额外费用或效率损失。除了社会组织外，在血缘组织内部也广泛存在目标不统一的情况。一个家庭的目标理论上应该是兴旺发达，但多数家庭并不能圆满地实现目标，其中一个重要原因就是家庭成员的目标没有统一，这种情况在柴米油盐等生活琐事中随处可见，和睦与矛盾都孕育其中。再进一步看，同一主体的组成部分之间也存在目标不统一的现象，比如暴饮暴食是嘴巴和肠胃之间的目标不统一。

当我们面对一个决策事项的时候，首要的问题就是确定目标。没有目标就没法决策，就像驾驶一辆汽车，使用导航时首先要知道并输入目的地，如果不知道目的地，即使汽车发动起来，也不知道要驶向哪里。路径导航是一种常见的简易决策模型，其他决策可能会复杂得多，但确定终点都是必不可少的。在确定了一件事情的目标后，接下来就是时刻保持目标感和如何高效地实现目标。幸运的是，财务思维给我们提供了一套实现目标的系统决策工具，可以帮助我们更好地奔赴目标。